essentials

Fedor Ruhose

Die AfD im Deutschen Bundestag

Zum Umgang mit einem neuen politischen Akteur

Fedor Ruhose
Das Progressive Zentrum e. V.
Berlin, Deutschland

ISSN 2197-6708 ISSN 2197-6716 (electronic)
essentials
ISBN 978-3-658-23360-0 ISBN 978-3-658-23361-7 (eBook)
https://doi.org/10.1007/978-3-658-23361-7

Die Deutsche Nationalbibliothek verzeichnet diese Publikation in der Deutschen Nationalbibliografie; detaillierte bibliografische Daten sind im Internet über http://dnb.d-nb.de abrufbar.

Springer ist ein Imprint der eingetragenen Gesellschaft Springer Fachmedien Wiesbaden GmbH und ist ein Teil von Springer Nature
Die Anschrift der Gesellschaft ist: Abraham-Lincoln-Str. 46, 65189 Wiesbaden, Germany

Was Sie in diesem *essential* finden können

- Dieser Text beleuchtet das erste Jahr der AfD-Fraktion im Bundestag und den Umgang der anderen Fraktionen mit ihr.
- Es wird beschrieben, warum es der AfD unmöglich sein wird, sich zu einer „normalen" Partei zu wandeln. Gleichzeitig werden die strategischen Überlegungen der AfD, die hinter dieser Dynamik stehen, beleuchtet.
- Gegenstrategien sollten dabei nicht bei der Nachahmung ansetzen. Vielmehr sollten Dialogangebote an denjenigen Teil der AfD-Wählerschaft formuliert werden, der diese wählt, um den anderen Parteien einen „Denkzettel" zu verpassen.

Einleitung

Unsere Gesellschaft politisiert sich wieder. Diese Entwicklung – von vielen lange Zeit eingefordert – vollzieht sich nun aber ausgerechnet, weil es einer rechtspopulistischen bis völkisch-nationalistischen Partei gelingt, die politisch Unzufriedenen zu mobilisieren. Die niedrige Wahlbeteiligung der vergangenen Jahre war dafür ein ungehört gebliebenes Warnsignal. Die Alternative für Deutschland (AfD) muss daher als politisches Krisenphänomen begriffen werden, welches von vielen Protestwählerinnen und Protestwählern als „Alternative" begriffen wird, um es den etablierten Parteien einmal „zu zeigen". Sie ist dabei zugleich ein Sprachrohr des rechten Wutbürgertums, wie Alexander Häusler meint (2017). Dabei zieht sie ihren Erfolg vor allem aus der vielfältigen Mobilisierung „autoritärer und nationalistischer Leidenschaften" (Häusler 2017, S. 32). Die AfD ist zum Ventil geworden für die über Jahre aufgestaute Frustration zahlreicher Bürgerinnen und Bürger über gesellschaftliche Fehlentwicklungen und gleichzeitig fungiert sie als Katalysator für fremdenfeindliche Ressentiments.

Die AfD selbst hat ihren Weg in ihrem Strategiepapier zur Bundestagswahl vorgezeichnet:

„Für die Imagebildung sind (…) nur wenige, sorgfältig ausgewählte und kontinuierlich bespielte Themen von Bedeutung. Sie müssen so aufbereitet und vermarktet werden, dass die AfD mit ihnen in der Öffentlichkeit identifiziert wird, ihre bisherigen Alleinstellungsmerkmale verteidigt und einige wenige neue hinzugewinnt" (AfD 2016, S. 8, Hervorhebung im Original).

Das ist ihr im ersten Jahr Bundestag dramatisch gelungen. Erschreckt stellt man fest, dass auch außerhalb der AfD vieles sagbar geworden ist, was früher unmöglich gewesen wäre. Nun wird in den politischen Zentralen und an vielen

Orten der Zivilgesellschaft überlegt, wie man sich diesen Entwicklungen entgegen stellen kann. In diesem *essential* soll die Arbeit der AfD-Bundestagsfraktion sowie Handlungsmöglichkeiten zum Umgang mit ihr skizziert werden. Im Ausblick werden Entwicklungen beschrieben, vor denen die AfD und mit ihr die deutsche Demokratie stehen.

Inhaltsverzeichnis

Die AfD im Parlament

1

1.1   Die Wählerkoalition der AfD

Die AfD ist mit 12,6 % als drittstärkste Kraft in den Bundestag eingezogen. Nun ist auch Deutschland ein Land mit einer populistischen Kraft im nationalen Parlament.[1] Karin Priester (2012: 11) fasst die Gründe für das Erstarken populistischer Bewegungen prägnant zusammen:

> Populistische Tendenzen entstehen in ökonomischen und sozialen Umbruchphasen, die politische Desillusionierung und den Verlust des Vertrauens in die Handlungskompetenz der Eliten hervorrufen.

Das sich stetig wandelnde Auftreten der AfD, die kalkulierte Provokation ihres Personals und die regelmäßige Selbstdarstellung als Opfer der „Altparteien" erschweren eine Auseinandersetzung im Rahmen der bisher praktizierten politischen Mechanismen. Dies beginnt schon damit, dass dieses Chamäleonhafte der AfD die bewährten Umgangsformen (Hufer 2016) mit rechten Parteien herausfordert oder verunmöglicht. Zugleich zeigt sich in der ungleichen Wählerkoalition (vgl. Abb. 1.1), die den AfD-Erfolg möglich gemacht hat, dass man an vielen verschiedenen Hebeln ansetzen muss. Denn eine monokausale Begründung für den Erfolg der Partei gibt es ebenso wenig wie eine einfache Lösung, ihr beizukommen.

Die AfD fasst die Motivation ihrer Wähler wie folgt zusammen: „(S)ie wissen, dass die AfD allein dadurch wirkt, dass sie für die Altparteien und die Medien

---

[1]Für grundsätzliche Auseinandersetzungen mit den verschiedenen Definitions- und Anwendungsmöglichkeiten des Begriffs, verweise ich auf die kurze und prägnante Einführung von Mudde und Kaltwasser (2017). Für Deutschland sei auf Decker und Lewandowsky (2018) verwiesen.

© Springer Fachmedien Wiesbaden GmbH, ein Teil von Springer Nature 2019
F. Ruhose, *Die AfD im Deutschen Bundestag,* essentials,
https://doi.org/10.1007/978-3-658-23361-7_1

1

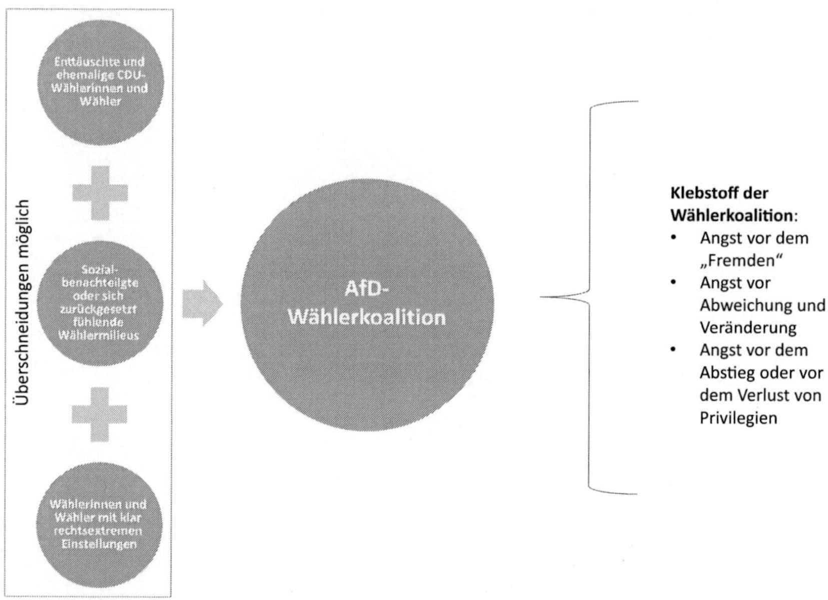

Abb. 1.1   Vereinfachte Darstellung der Wählerkoalition der AfD. (Eigene Darstellung)

Unliebsames klar ausspricht und denen eine Stimme gibt, deren Meinung nicht en vogue ist. Die AfD löst als Korrektiv Lernprozesse bei den Altparteien aus. Sie wirkt. Je deutlicher das wird, desto mehr lohnt sich die Stimmabgabe für die AfD, auch wenn die AfD derzeit kaum eine Chance auf eine Regierungsbeteiligung hat" (AfD 2016: 10).

Gewählt wurde die AfD vor allem von Personen, die der gesellschaftlichen Modernisierung skeptisch gegenüber stehen. Diese Verankerung im Elektorat wurde durch den Wandel der AfD von einer wirtschaftsliberalen, EU- und Euro-kritischen Partei zu einer rechtspopulistischen Bewegungspartei erst möglich (Amann 2017). So hat die AfD in prekären Milieus mit 28 % ihr stärkstes Ergebnis erzielt und ist auch im Milieu der Traditionellen mit 16 % verankert (Vehrkamp und Wegschaider 2017: 60). Gleichzeitig ist sie aber mit 20 % auch im bürgerlichen Milieu verankert (Vehrkamp und Wegschaider 2017: 60). Die modernisierungsskeptische Koalition ist also besonders stark und hält trotz ihrer Heterogenität zusammen, als sei sie mit Pattex geklebt. Einen typischen AfD-Wähler scheint es dabei nicht zu geben (Giebler und Regel 2017: 22), deswegen gibt es auch derzeit so viele scheinbar widersprüchliche Analysen zur AfD-Wählerschaft. Die Erfahrungen im politischen Alltag zeigen, dass alle ihre Berechtigung haben. Wenn man darauf aufbauend aber schnelle politische Ableitungen trifft, zeigt sich, dass vereinfachte Beschreibungen der Wählerschaft sogar kontraproduktiv sein können (Giebler und Regel 2017: 23). Die „Mitte-Studien" der Friedrich-Ebert-Stiftung identifizieren drei zentrale Ängste, die den „Klebstoff" für die Wählerkoalition bilden. Sie eint die Angst vor dem „Fremden", die Angst vor Abweichung und Veränderung und die Angst vor dem Abstieg oder vor dem Verlust von Privilegien (Küpper 2017: 25).

Diese Koalition setzt sich aus vielen gesellschaftlichen Milieus zusammen, unterschiedlich stark ausgeprägt, aber dennoch heterogen. Plastisch gesprochen verbinden sich sozial benachteiligte Wählerinnen und Wähler, Protest- und ehemalige Nichtwähler mit konservativen ehemaligen und enttäuschten CDU-Wählern. Hinzu kommen noch die klar rechtsextrem eingestellten Wählergruppierungen, die sich von der AfD ebenfalls angezogen fühlen. Natürlich gibt es dabei auch Überschneidungen, so finden sich bei sozial-schwachen Milieus vermehrt rechtsextreme Einstellungen. Dennoch zeigt diese Einordnung, dass es eine breite Motivlage gibt, die AfD zu unterstützen.

1.2   Das Auftreten der AfD im Bundestag

Die AfD agiert am liebsten auf offener Bühne. Nach einem Jahr im Bundestag lässt sich das Fazit ziehen, dass die AfD-Fraktion auch im Kontext des Parlamentes versucht, möglichst viel Aufmerksamkeit durch Provokationen und Grenzüberschreitungen zu erhalten.

Gleich zum Auftakt der Arbeit im Bundestag twitterte der Abgeordnete Jürgen Pohl ein Foto, um zu verdeutlichen, dass die AfD-Fraktion die Einzige sei, die im Bundestag arbeite. Darauf abgebildet waren volle Abgeordnetenbänke der AfD und sich langsam füllende Reihen der anderen Fraktionen. Pohl hatte dieses Bild deutlich vor Sitzungsbeginn aufgenommen. Hier zeigt sich, welches Bild die AfD von sich und eben den anderen Fraktionen etablieren möchte.[2]

In ihren Tagesordnungspunkten, Debattenbeiträgen und Anfragen an die Bundesregierung fokussiert sich die AfD auf ihren Markenkern. Dies sieht man an den Titeln der Aktuellen Stunden im Parlament, wie „Freiheit und Gleichheit von Frauen stärken – Grundgesetz statt Parallelgesellschaft" oder „Linksextreme

---

[2]Mittlerweile führt diese Attitüde zum Problem, denn auch für die AfD-Fraktion gilt, dass sich die Arbeit im Bundestag vornehmlich in den Fachgremien und Gesprächsterminen abspielt (Fiedler 2018).

Gewalttaten gegen die politische Betätigung demokratischer Parteien". Die umstrittene AfD-Initiative zum „Verhalten der Bundesregierung im Fall Deniz Yücel" zeigt aber, dass dadurch auch die anderen Fraktionen und die Debattenbeiträge ihrer Abgeordneten mediale Aufmerksamkeit finden und Beiträge im Internet und den sozialen Netzwerken große Resonanz erhalten.

Die AfD zielt bei ihren parlamentarischen Initiativen darauf, bestehende Ängste vor Überfremdung zu stärken, zu schüren und politisch auszunutzen. Dazu gehören unter anderem die Anträge für ein „Abkommen zur Förderung der Rückkehr syrischer Flüchtlinge", für „Umfassende Grenzkontrollen sofort einführen – Zurückweisung bei unberechtigtem Grenzübertritt" und den „Sechs-Punkte-Plan – Abkommen zur Förderung der Rückkehr syrischer Flüchtlinge". Zudem will die AfD die deutsche Sprache als Landessprache einführen und im Staatsbürgerschaftsrecht wieder zur Optionspflicht zurückkehren. Der ursprüngliche Markenkern der AfD unter ihrem Mitgründer Bernd Lucke, die neoliberale Kritik der Euro- und Europapolitik (Bebnowski 2013) ist nur noch wenig sichtbar. Debatten wie jene um das 55-jährige Bestehen des Élysée-Vertrags verlaufen ohne eigene inhaltliche Initiativen.

Gleichzeitig versucht die AfD in anderen Politikbereichen ihr Terrain zu erweitern. Beispielhaft steht dafür die Abschaffung der Zwangsverrentung von ALG II-Beziehern. Des Weiteren versuchen sie eine Spaltung unter Bedürftigen herbeizuführen, indem sie in Anfragen, wie „Wohngeldhaushalte und Wohngeldbeträge" Sozialleistungsempfang nach In- und Ausländern aufschlüsseln lassen. Oder die AfD fragt provokant nach dem Ausländeranteil bei den Menschen mit Behinderungen und deren familiären Verbindungen.

Die Reden, die die AfD-Abgeordneten im Parlament im ersten Jahr gehalten haben, zeigen die gesamte Bandbreite. Dabei gibt es sachliche und ideologisch aufgeladene Beiträge. Auch werden Reden gehalten, die von fachlicher Unkenntnis gezeichnet oder sogar schon in anderen Parlamenten gehalten wurden. Vor allem aber wird eine weiterhin starke Fokussierung auf Mediendarstellungen gelegt: So gibt es eben rechte Angriffe zur Prime Time, wie Alice Weidels Erwiderung auf die erste Regierungserklärung von Bundeskanzlerin Angela Merkel nach der Bildung der Großen Koalition 2018.

Zudem nutzen die Rednerinnen und Redner auch die Redezeit, um die anderen Fraktionen in Verlegenheit zu bringen und Vorfälle zu instrumentalisieren. Hier zeigt die AfD sehr deutlich, dass sie das Mittel der Provokation und Selbstskandalisierung auch im parlamentarischen Rahmen nicht aufgeben wird und dabei nicht zuletzt auf die Wirkung solcher Aktionen in den sozialen Netzwerken setzt.

Ein solches Vorgehen wurde auch in anderen Parlamenten – wie den Landtagen von Nordrhein-Westfalen und Rheinland-Pfalz – wiederholt. Es ist also eine zunehmende Absprache zwischen den Fraktionen in den deutschen Parlamenten zu beobachten. Mit allen Landtagsfraktionen stimmt sich die Bundestagsfraktion über Einschätzungen und Initiativen wöchentlich auf Ebene der Parlamentarischen Geschäftsführer schon heute ab. Gleiches gilt für Anfragen, die von Land zu Land gestellt werden. Themen wie die Frage nach dem Öffentlichen Rundfunk werden so bundesweit und regional geschickt platziert.

Durch die Nutzung des parlamentarischen Instruments der Zwischenfrage stören die AfD-Abgeordneten gezielt Parlamentsreden und produzieren so zusätzlich genügend Material für ihre Social-Media-Aktivitäten. Dass die AfD-Abgeordneten in ihren Debattenbeiträgen auch gerne mal Unkenntnis über bereits bestehender Gesetzlagen und Rechtsprechungen zeigen und sie dann von den Rednerinnen und Redner der anderen Fraktionen entlarvt werden, wird in der AfD-Anhängerschaft nicht nur verziehen, sondern vielmehr auch gegen die anderen Fraktionen gedreht. So geschehen bei der Parlamentsdebatte um 55 Jahre Élysée-Vertrag. Hier hatte die AfD keine Änderungsanträge zur Entschließung des Bundestags eingebracht, den anderen Fraktionen aber dennoch Ausgrenzung vorgeworfen.

Die AfD nutzt vermehrt völkisches und rechtsextremes Vokabular und hebt es so durch die mediale Resonanz und auch durch das Aufgreifen bestimmter Begriffe durch konservative Politiker, die der AfD das Wasser abgraben wollen, in die gesellschaftliche Mitte. Der AfD-Abgeordnete Gottfried Curio sprach in der Debatte über die doppelte Staatsbürgerschaft von einer „Flutung" des Landes und nutzte Elemente der Neu-Rechten Geschichte von der „Umvolkung" der Deutschen durch die Elite. Hier sind nicht mehr nur Anklänge zur Identitären Bewegung erkennbar, dies ist die komplette Übernahme des ideologischen und sprachlichen Gerüsts dieser Strömung. Alexander Gauland sprach auf dem Bayrischen Landesparteitag der AfD im Frühjahr 2018 von einem „Bevölkerungsaustausch" und nimmt so direkten Bezug zu den Theorien von Renaud Camus (2017).

In den Ausschüssen des Bundestags treten die AfD-Abgeordneten unterschiedlich auf. In den meisten Ausschüssen zeigt die AfD Anwesenheit und beteiligt sich auch an der Debatte. Auch hier – hinter verschlossenen Türen – versucht die AfD zu provozieren und die Bundesregierung vor sich herzutreiben. Die Abgeordneten arbeiten sich in die Themenfelder ihrer Ausschüsse ein und durch den Aufbau der Fraktionsstrukturen ist ein weiterer Professionalisierungsschub zu erwarten. Auch kann die AfD so ihre Netzwerke mit den Verbandsvertretungen und Lobbyorganisationen ausbauen. Sie erfährt eine „Parlamentarismusschulung" (AfD 2016: 27).

Großen Raum in der ideologisch angetriebenen Schwerpunktsetzung der AfD nimmt der Kampf gegen verschiedene Demokratieförderprogramme ein. Hier unterstellt die AfD, dass Demokratieförderung einer staatlichen Förderung des Linksextremismus gleichkomme. So hat der Landtag in Sachsen-Anhalt auf

Antrag der AfD eine Enquete-Kommission „Linksextremismus in Sachsen-Anhalt" eingesetzt. Hierbei stimmten auch Teile der in einer Koalition mit SPD und BÜNDNIS90/DIE GRÜNEN befindlichen CDU-Fraktion für den Antrag. Diese Zustimmung erfolgte ohne Not, da es sich um ein Minderheitsrecht handelt und die AfD-Fraktion auch ohne Unterstützung genügend Stimmen für den Einsetzungsbeschluss besessen hat. Den Vorsitz der Enquete-Kommission hat André Poggenburg übernommen, der als Fraktionsvorsitzender und Landesvorsitzender wegen rassistischer Äußerungen aufgeben musste. Auf Bundesebene noch nicht so im Fokus setzt die AfD hier ihre Linie fort, die sie in allen Landesparlamenten verfolgt.

1.3   Interne Dynamiken in der AfD-Fraktion

Die neu gewählte AfD-Fraktion im Bundestag besteht aus mehreren Flügeln, die unterschiedliches Gewicht in der neuen Organisation besitzen: Ein großer Teil der Abgeordneten repräsentiert die konservative CDU der 1980er Jahre, während der so genannte „Flügel" als Sammelbecken rechtsextremer Kräfte fungiert. Letzterer hat durch den Hannoveraner Parteitag nach der Bundestagswahl Ende 2017 noch einmal Aufwind bekommen und macht schätzungsweise ein Drittel der Parteimitglieder aus. Der „Flügel" versteht sich, so der Brandenburger Landesvorsitzende Andreas Kalbitz, als „Schildwache der Partei". Die dritte und mittlerweile schwächste Strömung in der Partei sind wirtschaftsliberale Anhänger von Parteigründer Bernd Lucke, der die AfD mittlerweile verlassen hat. Dieser Flügel wurde ursprünglich von der Fraktionsvorsitzenden Alice Weidel repräsentiert und hat an der Parteibasis noch Rückhalt. Entgegen der öffentlichen Wahrnehmung sind die moderaten Kräfte im Vorstand der Bundestagsfraktion sehr stark vertreten, wenn auch die bekannten Personen mittlerweile alle nach außen stark radikal auftreten. Diese moderaten Kräfte versuchen sich derzeit um den Bundestagsabgeordneten Uwe Witt in der „Alternativen Mitte" zu organisieren.

Ob dies eine Machtverschiebung innerhalb der AfD bedeutet, die nur noch nicht wahrgenommen wird, lässt sich schwer ausmachen. Derzeit stehen die Signale weiterhin auf Radikalisierung. Schon der Parteitag in Hannover Anfang Dezember 2017 führte nicht zu einem Aufbruchssignal für die sich als moderat bezeichnenden Kräfte nach der Bundestagswahl. Es zeigte sich, dass die ursprünglichen Personalpläne der Parteiführung insbesondere mit den Delegierten des äußerst rechten „Flügels" von Björn Höcke nicht zu machen waren. Dies ist nur eines von vielen Beispielen offener Streitigkeiten. Dadurch geraten interne Konflikte deutlich an die Öffentlichkeit, die Partei setzt sich sozusagen selbst unter Druck.

Dabei hat Alice Weidel im Bundestagswahlkampf in geschickter Arbeitsteilung mit dem zweiten Spitzenkandidaten Alexander Gauland gezielt an einer Verschärfung des Tons der AfD mitgewirkt. Mit ihrer Rede zur Haushaltsdebatte im Bundestag hat sie deutlich gezeigt, dass sie diese Linie fortsetzt. Dort provozierte sie mit Äußerungen über „Kopftuchmädchen" und „alimentierte Messer-Männer". Gauland selbst verharmloste auf der Bundestagung der Jungen Alternative die Verbrechen des Nationalsozialismus. Die beiden stehen daher mit ihrer Rhetorik für eine stärkere Rechtsorientierung der AfD und treiben diese gezielt weiter voran.

Obwohl sich alle AfD-Abgeordneten hinter der Forderung nach Einsetzung des Untersuchungsausschusses zur Flüchtlingspolitik sammeln konnten, bricht die inhaltliche Debatte nun in den Feldern auf, die die AfD-Führung eher klein halten möchte. Auf Alice Weidels eher neoliberale Konzeptionen für die Rentenpolitik antwortete Björn Höcke unmittelbar mit der Vorstellung seiner national-sozialen Rentenpläne. In den neuen Bundesländern gibt es generell einflussreiche Kräfte, die die nationale Ausrichtung der AfD um eine auf soziale Themen fokussierte Agenda ergänzen wollen. Dass dieser Punkt für die AfD enormen Sprengstoff enthält, da es die brüchige Wählerkoalition sprengen kann, ist der Partei sehr wohl bewusst. So hält die AfD im Bundestagswahlkampf fest, dass diese Themen eine Spaltungsgefahr darstellt. Neoliberale Positionen etwa in der Steuer- und Sozialpolitik sollen durch „Querverbindungen" und geschicktes Marketing verdeckt werden (AfD 2016: 8).

Gleichzeitig wirken die Denkfabriken der „Neuen Rechten" auf die AfD-Fraktion ein und es erfolgt die weitere Übernahme bekannter ideologischer Bausteine von der „Umvolkung" oder dem „Souveränitätsverlust". Für die AfD ist das rechte Fundament einer gefährlich-romantisierten Vorstellung eines kulturell homogenen „Volkes" konstitutiv, welches sich sowohl gegen „außen" als auch gegen die „politische Klasse" verteidigen muss (Lewandowsky et al. 2016). In Verbindung mit der Kritik an der Flüchtlingspolitik der Regierung und an der Person Angela Merkels können sich hinter dieser politischen Meinung alle verschiedenen Strömungen und die sie an der Wahlurne legitimierende Wählerkoalition vereinen.

1.4   Der Umgang der anderen Fraktionen mit der AfD

Die Sitzungen des Bundestages stellen die übrigen Fraktionen vor die Aufgabe, mit der AfD und den sie tragenden gesellschaftlichen Entwicklungen so umzugehen, dass die Partei bei der nächsten Bundestagswahl nicht noch stärker abschneidet oder, so wird es als Ziel formuliert, es nicht erneut ins Parlament schafft. Gleichzeitig zeigt das erste Jahr im Bundestag, wie gut die AfD darin ist, den Diskurs und die parlamentarische Tagesordnung zu prägen und wie schwer eine Schwächung zu erreichen ist. Wenn die anderen Parteien weiter wie die Kaninchen vor der Schlange sitzen oder die Themen der AfD – so wie im „Asylstreit" von CDU und CSU insbesondere durch die CSU geschehen – übernehmen, wird von diesen Zielen keines erreicht.

Die parlamentarische Arbeit unabhängig von der AfD zu strukturieren, ist das Gebot der Stunde. Diese Aufgabe ist an sich nicht einfach, wird aber durch das Faktum erschwert, dass die AfD nun in Zeiten einer erneuten Großen Koalition größte Oppositionsfraktion ist. Daraus leiten sich nach parlamentarischem Brauch nämlich über die im Grundgesetz und der Bundestagsgeschäftsordnung hinausgehende Rechte ab, wie zum Beispiel der Vorsitz des wichtigen Haushaltsausschusses. Grundsätzlich haben alle anderen Fraktionen im Bundestag beschlossen, keine Absprachen mit der AfD zu treffen und keine gemeinsamen Initiativen zu verfolgen. Dies führt gerade bei der CDU/CSU aber zu oft schwierigen Situationen, wenn die AfD-Fraktion Unionspositionen in die parlamentarische Beratungen trägt.

Auf Unionsseite verfolgt man die Strategie, die Themen der AfD selbst anzusprechen. Die CSU, aber auch einzelne Landesverbände wie Sachsen-Anhalt, haben diesen Umgang in Strategiepapieren fixiert. Dort wird formuliert, dass man die Anliegen und Sorgen der Bürgerinnen und Bürger ernst nehmen will. In die gleiche Stoßrichtung argumentiert der frühere Chef der sächsischen Landeszentrale für politische Bildung, Frank Richter (2018).

In den zunehmend radikalen Positionen der AfD sieht man beispielsweise in Sachsen-Anhalt die Chance, Protestwähler für sich zurückzugewinnen. „Viele AfD-Mitglieder und Mandatsträger sind vom anhaltenden Rechtskurs der eigenen Führung angewidert und geraten mit konservativen Positionen innerhalb der Partei immer mehr ins Abseits" (CDU Sachsen-Anhalt 2018).

Für die CDU gilt eben, dass sie zum einen durch die AfD zu einer strategischen Kraft gemacht wird, gegen die das Regieren in Deutschland nahezu unmöglich wird (Jung 2015). Zum anderen ist für die CDU und insbesondere die CSU aber eben nicht zu bestreiten, dass die AfD viele enttäuschte Unions-Wählerinnen und -Wähler anzieht. Daher vollzieht die Union derzeit auch einen Wechsel von einer strikten Ablehnung hin zu einer „brüchigen Abgrenzung", wie es Ralf Tils (2017) beschreibt. Rhetorisch erfolgt derzeit eine klare Abgrenzung gegen die AfD, deren Politiker in einem internen CSU-Strategiepapier zur Landtagswahl 2018 zum Beispiel als „Feinde Bayerns" bezeichnet werden. Gleichzeitig erfolgt aber die Übernahme der Sprache und Forderungen der AfD. Zudem verfolgt die CSU die Zuspitzung in der Frage der Rückweisung von Flüchtlingen an den deutschen Außengrenzen zu einem vom bayrischen Ministerpräsidenten Markus Söder erklärten „Endspiel um die Glaubwürdigkeit".

Am Einfachsten im Umgang mit der AfD-Fraktion im Parlament haben es BÜNDNIS 90/DIE GRÜNEN, die das Aufkommen der AfD als kulturell-liberale Gegenkraft aufhalten wollen. Die Wählerschaft und die ideologische Verwurzelung stehen denen der AfD diametral gegenüber. Daher kann auch beobachtet werden, dass auf Bundesebene insbesondere die GRÜNEN-Fraktion mit besonders engagierter Rhetorik mit zur neuen roheren Diskussionskultur beiträgt (Lohse und Wehner 2018).

Alle anderen Kräfte im Parlament haben zwar im geringeren Umfang als die Unionsparteien ebenfalls Überschneidungen in der Wählerschaft und daher oftmals ungeklärte Strategieansätze und Positionierungen im Bereich des Markenkerns der AfD. Dies gilt für die SPD, deren ungeklärte Position zur Frage der Migration ein entscheidender Faktor für die Wahlniederlage 2017 ist (Ruhose und Schwickert 2018: 4). Aber auch FDP und LINKE – diese insbesondere als Quasi-Volkspartei im Osten – stehen unter Druck durch die AfD. Christian Lindner hat dies für die FDP bislang erfolgreich dadurch gelöst, dass die Liberalen sich als Merkel-Kritiker positionieren und differenzierte Politikangebote formulieren. Somit hat sie enttäuschte FDP-Wählerklientel, die 2013 noch CDU/CSU oder AfD gewählt haben, mit den Liberalen versöhnt. Zudem hat sich die Partei gleichzeitig mit Themen profiliert, die gesellschaftliche Modernisierung bedeuten.

Bei der LINKEN eskaliert derweil die Auseinandersetzung zwischen Sahra Wagenknecht, der Fraktionsvorsitzenden, und den Parteivorsitzenden Katja Kipping und Bernd Riexinger, über den richtigen Umgang mit der AfD. Während zum Beispiel Kipping eine internationalistische Linke präferiert, sieht Wagenknecht die große Populismuskonkurrenz, die mit der AfD entsteht. Mit ihrer Sammlungsbewegung „Aufstehen" versucht sie daher die traditionelle autoritäre Flanke der politischen Linken in der Arbeiterschaft zu schließen. Diesem Unterfangen geht aber nicht nur aus personellen Gründen die Kraft verloren (Sahra Wagenknecht und Oskar Lafontaine stehen nicht unmittelbar für partizipatorische und innovative Bewegungsansätze). Vielmehr unterlässt es „Aufstehen" bislang auch, die anderen Kräfte auf der Linken zu integrieren, die sich von Art und Weise dieser Sammlungsbewegung eher abgestoßen fühlen. Völlig unterbelichtet erscheint dabei in der Diskussion, dass das Problem der LINKEN auch darin liegt, dass sie als Regierungspartei im Osten mittlerweile als Mitverursacherin vieler Enttäuschungen und Zurücksetzungen gesehen wird. Dieser Vertrauensverlust ist wie bei SPD und CDU/CSU kaum über eine verschärfte Rhetorik zu bewältigen.

Angesichts dieser komplexen und bewegten Ausgangslage verwundert es nicht, dass es im Bundestag kein abgestimmtes Verhalten der anderen politischen Kräfte gegenüber der AfD gibt. Die Fraktionen im Bundestag sind noch auf der Suche nach dem richtigen Umgang. Hinzu kommt natürlich auch noch die Unterscheidung zwischen Regierungs- und Oppositionsfraktion. Allerdings zeigt sich prinzipiell nach diesem einen Jahr, dass die AfD im Bundestag von Anfang an „auf eine deutlich besser aufgestellte politische Gegnerschaft" gestoßen ist (Schroeder et al. 2018: 7). Sicherlich hat man hier auch von den Erfahrungen aus den Länderparlamenten profitieren können.

Radikalisierung und Provokation – ein anderer Umgang im Bundestag

2

Die AfD hat in der Vorbereitung des Bundestagswahlkampfes ein Strategiepapier erstellt, dessen Inhalt zeigt, aus welchen Gründen die AfD so auftritt, wie es zuvor beschrieben wird (Kap. 1): Das Prinzip des politisch inkorrekten Auftritts wird dabei zum Kerninhalt der politischen Aktion erhoben (AfD 2016: 10 f.). Diese Strategie bezieht damit die Erwiderung „der Anderen" explizit ein. Inhaltliche Differenzen oder Sachpolitik sind dabei zweitrangig. Hauptsache, es kracht:

„Je nervöser und je unfairer die Altparteien auf Provokationen reagieren desto besser. <u>Je mehr sie versuchen, die AfD wegen provokanter Worte oder Aktionen zu stigmatisieren, desto positiver ist das für das Profil der AfD.</u> Niemand gibt der AfD mehr Glaubwürdigkeit als ihre politischen Gegner. Deren negative Reaktion muss daher ganz bewusst von der AfD einkalkuliert werden" (AfD 2016: 11, Hervorhebung im Original).

Die AfD nutzt das Parlament anders als die etablierten Kräfte. Das lässt sich seit 2014 bereits in der politischen Arbeit der Landtage beobachten. Auch die Zeit seit der Konstituierung des 19. Bundestags zeigt dies deutlich. In der Gesamtschau lässt sich eine Art „AfD-Kreislauf" beobachten (vgl. Abb. 2.1), der aus drei sich verstärkenden „stilistischen" Mitteln besteht[1]: der Polarisierung, der Skandalisierung und der Emotionalisierung. Mittels dieses Kreislaufes gelingt es der AfD seit der Bundestagswahl (und natürlich bereits davor), beständig Aufmerksamkeit und Medienresonanz zu erzeugen.[2]

---

[1]Diese Zusammenfassung geht auf Überlegungen zurück, die ich gemeinsam mit Benno Hafeneger (2018a und 2018b) für die Landtagswahlen in Hessen und Bayern 2018 entwickelt habe.

[2]Zum Folgenden sei zudem auf Hafeneger et al. 2018: 147 ff. verwiesen.

© Springer Fachmedien Wiesbaden GmbH, ein Teil von Springer Nature 2019   11
F. Ruhose, *Die AfD im Deutschen Bundestag,* essentials,
https://doi.org/10.1007/978-3-658-23361-7_2

Abb. 2.1 Der AfD-
Kreislauf. (Eigene
Darstellung)

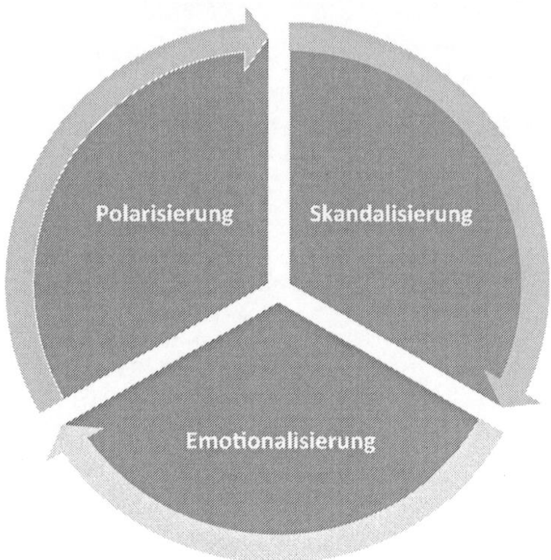

1. Die AfD formuliert offen und unmittelbar nationalistisch, völkisch und rassistisch (Polarisierung). Bei der Partei steht die aggressive Ablehnung der bisherigen Politik, insbesondere symbolisiert durch die Person und die Agenda Angela Merkels, im Mittelpunkt. Damit soll die vermeintlich „falsche Politik" entlarvt werden. Für die politischen Gegner wird dabei die autoritäre, deutsch-nationale und mithin völkische Ausrichtung der AfD deutlich.
2. Die AfD präsentiert sich als aufklärende Kraft und deckt (angebliches oder tatsächliches) Fehlverhalten der etablierten Politik auf. Hier wird mitunter moderater formuliert (Skandalisierung). Mit diesem Stilelement soll suggeriert werden, dass man kritische Fragen stellt und eine kritische Gegenöffentlichkeit herstellt. Hier entsteht die Anschlussfähigkeit zur Strategie der Polarisierung.
3. Die AfD greift zudem von den anderen Parteien angeblich vernachlässigte Alltags/-Sachthemen der Menschen auf (Emotionalisierung). Ein Beispiel hierfür ist die Ausrufung der „Rettung des Diesels". In diesen Fällen tritt die Partei als emotional mitfühlender „Kümmerer" auf, sie formuliert sachbezogener, und nimmt die Anliegen der Menschen angeblich „als einzige" Partei auf. Unabhängig davon, dass die anderen Parteien die Themen auch thematisieren und Lösungen anbieten, präsentiert sich die AfD somit als angebliche „Partei der kleinen Leute", deren Sorgen und Fragen man ernst und aufnimmt. In diesem Element des Kreislaufes formuliert sie Inhalte auch außerhalb ihres Markenkerns. Gleichzeitig dient dieses Element, um an die Elitenkritik aus dem Strategieelement der Skandalisierung anzuschließen. So entsteht der dargestellte AfD-Kreislauf.

Die AfD folgt auch im Bundestag diesen drei Elementen sehr stark. In ihrer Strategie sind sie so angelegt, dass sie aufeinander aufbauen, sich gegenseitig verstärken und ineinander greifen. Zur Wirkung dieses Kreislaufs können einige Beobachtungen zur parlamentarischen Arbeit nahezu jeder AfD-Fraktion in den Landesparlamenten und der AfD-Bundestagsfraktion verallgemeinert werden (Ruhose 2018).

2.1   Dauerwahlkampf im Parlament

Die gezielte Konfrontation ist und bleibt das Kerngeschäft der AfD. Sitzungen werden dazu genutzt, Öffentlichkeitsarbeit in den sozialen Medien mit Gesprächsstoff und Eskalationspotenzial anzureichern. Das Hauptinteresse scheint eher dem „Facebook-Sharepic" hinterher, als der politischen Mitgestaltung während der Parlamentsdebatte zu gelten. In der Rückschau zeigt sich, dass die AfD keine Sitzungswoche verstreichen lässt, ohne die Regierung und die sie tragenden Fraktionen vorführen zu wollen. Dies gilt zunehmend auch für die Fachausschüsse des Bundestags.

2.2   Der Markenkern steht im Mittelpunkt

Bei parlamentarischen Initiativen setzt die AfD-Fraktion auf Themen ihres Markenkerns: die Zuwanderungs- und Asylpolitik. Auch wenn Abgeordnete davon unabhängige Themen setzen, wie etwa Initiativen in der Familien- oder Wohnungsbaupolitik, verbindet man diese ständig mit Fragen der Einwanderung und Asylpolitik. Die Ankündigung der AfD, einen Untersuchungsausschuss zur Flüchtlingspolitik Angela Merkels einrichten zu wollen, zeugt davon, dass sie diesen Kurs der starken Themenfokussierung auch nach dem ersten Jahr fortsetzen wird. Dies zeigt aber auch, dass die Figur der Bundeskanzlerin zentral für die AfD-Strategie ist. Das Feindbild Merkel ist konstitutiv und verbindet viele an sich gegenläufige Interessenslagen in der AfD-Wählerschaft. Dieser Kurs ist einfach der AfD-Erfolgskurs schlechthin. „Grundsätzlich ist zu beachten, dass beim Wähler <u>nur wenige Themen zur Profilierung einer Partei erforderlich sind.</u> Zu viele Themen führen zur Beliebigkeit und zur Verzettelung" (AfD 2016: 8, Hervorhebung im Original). Ein Beispiel dafür ist der Bundestagsantrag der AfD zur Abschaffung des Familiennachzugs für eingeschränkt schutzberechtigte Flüchtlinge. Bei der Debatte des Bundestages über steigenden Antisemitismus in Deutschland bezog die AfD-Fraktionsvizevorsitzende Beatrix von Storch dies vor allem auf steigende islamische Einwanderung.

2.3   Die Oppositionsrolle: gesucht und gefunden

Die Fraktionen in den Landtagen nutzen klassische Oppositionsinstrumente wie Kleine Anfragen oder Fragestunden an die Regierung sehr intensiv. Damit stärkt die AfD ihre Selbstwahrnehmung als politische Kraft, als „die einzige echte Oppositionspartei" (AfD 2016: 10), die angebliche Missstände „aufdeckt" oder „entlarvt". Wolfgang Schroeder et al. (2019: 6) haben erhoben, dass die AfD insgesamt bereits nahezu 5000 Kleine Anfragen über alle Fraktionen hinweg gestellt hat. Die AfD-Bundestagsfraktion liegt derzeit bei um die 200 Fragen seit Beginn der Legislaturperiode.

2.4   „Anwalt der Bürgerinnen und Bürger"

Die AfD ist sehr stark bemüht, eine Grenze zwischen sich und anderen Parteien zu ziehen. Sie positioniert sich als vermeintlich einzige „Stimme der Bürger". Zu ihren gängigen Behauptungen zählt, dass nur in der AfD „normale" Bürgerinnen und Bürger Politik machten, während andere Parteien ausschließlich aus Berufspolitikerinnen und Berufspolitikern bestünden. Zudem ruft die AfD stets nach mehr Bürgerbeteiligung und fordert auch Volksbefragungen auf Bundesebene. Initiativen zu diesem Thema vermisste man im ersten Parlamentsjahr allerdings.

Nicht nur aufgrund der anfänglichen Problematik, geeignete Räume zu erhalten, setzt sie in den Wahlkreisen auf eigene kleinteilige Regionalveranstaltungen und unterstützt systematisch Demonstrationen von „Wutbürgern" im gesamten Bundesgebiet. Mittlerweile organisiert sie zudem die örtlichen Bewegungen, die im Anschluss an die Taten in Kandel Ende 2017[3] und in Wiesbaden Mitte 2018[4] entstanden sind. Gleichzeitig verfolgt sie die Strategie, Symbole für den Freiheitskampf in der deutschen Geschichte für sich zu okkupieren wie das Hambacher Schloss. Zunehmend werden nun auch Bürgerbüros der Landtags- und Bundestagsabgeordneten eröffnet.

---

[3]Derzeit muss sich ein mutmaßlich aus Afghanistan stammender, unbegleiteter Flüchtling vor Gericht dafür verantworten, dass er seine 15-jährige Ex-Freundin aus Eifersucht erstochen haben soll.

[4]Der aus dem Irak stammende Flüchtling gilt als dringend tatverdächtig, in der Nacht vom 22. auf 23. Mai 2018 die 14 Jahre alte Susanna F. vergewaltigt und umgebracht zu haben. Die Tötung räumte er laut Staatsanwaltschaft ein, eine Sexualtat bestreitet er.

2.5   Alternative Kommunikationswege sind zentral für die AfD

Es ist augenfällig, dass die AfD zahlreiche Kommunikationskanäle jenseits der traditionellen Medien bedient. Die Stichworte sind: Soziale Medien, AfD-TV, Blogs/Nachrichtenportale, WhatsApp-Gruppen. Jüngstes Instrument dieses zentralen Strategieansatzes ist die Einrichtung eines eigenen Fernsehstudios der Partei und einer regelmäßigen eigenen Berichterstattung aus dem Bundestag. Der Aufbau des „Newsrooms" der Bundestagsfraktion scheint zwar etwas zu stocken, aber die Ankündigungen zeigen, wie wichtig die Idee der „Gegenmedien" für die AfD ist. Damit gelingt ihr die unmittelbare Kommunikation mit ihrer Zielgruppe und der Wert der herkömmlichen Presse- und Öffentlichkeitsarbeit sinkt. Gleichzeitig führt diese direkte Kommunikation auch zu einer stärkeren Radikalisierung der AfD. Das folgt daraus, dass die AfD auf diese Weise nicht nur ihre Botschaften kommuniziert, sondern unmittelbar Rückmeldung aus der AfD-Community erhält. Gleichzeitig führt die Verunsicherung der etablierten Medien im Umgang mit der AfD dazu, dass diese die Themen der AfD und ihre Protagonisten sehr häufig in den Mittelpunkt der Berichterstattung stellt. Ein abgestimmtes Verhalten der anderen Fraktionen auf diese Provokationen ist kaum möglich, da ja auch für sie die Logik der Mediendemokratie gelten und jeder den Raum für die eigene Positionierung nutzen muss.

2.6   Zusammenfassung

Vieles deutet also darauf hin, dass die AfD im Bundestag gar nicht zu einer „normalen Partei" werden könnte, selbst wenn dies beabsichtigt wäre (Ruhose 2018). Wer sich zum Beispiel die Kommentare unter AfD-Beiträgen anschaut, sieht, dass die Radikalisierung von AfD-Followers offen eingefordert wird. Dass ein Teil der Anhängerschaft mittlerweile offen und laut rechts ist, zeigt sich plakativ an den zustimmenden Reaktionen des Publikums bei den menschenverachtenden Ausführungen von André Poggenburg anlässlich des Politischen Aschermittwochs 2018. Vormals als gemäßigt geltende Politiker wie Georg Pazderski (mit seinem Tweet über angebliche kriminelle Ausländer bei G20-Auseinandersetzung) oder Uwe Junge (mit seiner zunehmend extremer werdenden Wortwahl und der Bezeichnung der AfD als „militärische Miliz") haben den Ton nach dem Hannoveraner Parteitag entsprechend nach rechts „angepasst". Eine weitere Radikalisierung erfolgte im Anschluss an die Bluttat in Kandel Ende 2017. Auch hier stimmten vermeintlich gemäßigte Kräfte in die Kulturkampf-Rhetorik mit ein.

Mit den drei Elementen des beschriebenen Kreislaufs perpetuiert die AfD ihre politischen Botschaften. Die AfD wird auch in den kommenden Jahren ihrem Erfolgsmodell folgen und Polarisierung, Skandalisierung und Emotionalisierung als vordringliche Strategieelemente nutzen. Durch die Koalition zwischen CDU/CSU und SPD hat die AfD-Fraktion – kaum hundert Tage alt – den Status und die Mittel der Oppositionsführerin zur Verfügung. Aus der außerparlamentarischen Opposition zur Oppositionsführerin – diese Entwicklung treibt die AfD dazu, sich weiter zu professionalisieren. Noch nicht entschieden ist der Kampf um die inhaltliche Positionierung der AfD im Bereich der Sozial- und Wirtschaftspolitik. Kräfte wie Andreas Kalbitz und Björn Höcke betonen das soziale Profil der Partei und verfolgen einen kapitalismuskritischen Nationalismus.

Das Strategiedilemma der anderen Fraktionen

3

3.1 Wie umgehen mit einer populistischen Partei?

Da die Erscheinungsformen des Rechtspopulismus in Deutschland bis zum Aufstieg der AfD sehr heterogen sowie zeitlich, räumlich und organisatorisch unterschiedlich ausgestaltet waren, liegen empirische Befunde zu Handlungsoptionen im Umgang mit einer Partei diesen Charakters nicht wirklich vor. In dieser Veröffentlichung werden die Strategieoptionen so auch einzig und allein entlang der Erfahrungen mit der AfD auf Landesebene und einem Jahr AfD-Bundestagsfraktion entwickelt.

Die Auseinandersetzung mit der AfD kann grob gesprochen unterteilt werden in zwei Dimensionen, in denen unterschiedliche Handlungsmöglichkeiten anwendbar sind. Zum einen sind Strategien im Bereich des institutionellen Umgangs mit der AfD zu verfolgen. Die andere Dimension ist die inhaltliche Auseinandersetzung mit der rechtspopulistischen AfD.

Unter der ersten Dimension sind die bisherigen Strategieansätze verfolgt worden. Zunächst wurden die AfD und ihr Aufkommen ignoriert. Dieses bewusste Nichtwahrnehmen einer neuen politischen Kraft durch die anderen Parteien ist mit dem Aufkommen der Flüchtlingsbewegungen 2015 an ein Ende gestoßen. Nach dieser ersten Stufe der Radikalisierung (Busch et al. 2018: 171 ff.) hat sich gezeigt, dass erst das Thema Migration das entscheidende Schmiermittel für die AfD-Wählerkoalition (vgl. Kap. 1) wurde. Danach kam die Phase der Ausgrenzung der anderen Parteien. Dies mag bei einer klar rechtsextremen Partei eine hohe Wirkung haben. Eine geschlossene und vollumfängliche Ächtung der Personen und Positionen der AfD hat allerdings lediglich dazu geführt, dass sie ihren Opfermythos kultivieren konnte. Übrigens ein wichtiges Motiv der AfD im Anschluss an den Stuttgarter Parteitag 2016 (Busch et al. 2018: 173), mit dem eine inhaltliche Radikalisierung gegen den Islam im Gesamten erfolgen konnte.

© Springer Fachmedien Wiesbaden GmbH, ein Teil von Springer Nature 2019   17
F. Ruhose, *Die AfD im Deutschen Bundestag,* essentials,
https://doi.org/10.1007/978-3-658-23361-7_3

Durch diese generelle Ächtung stärkte man die innere Solidarität der Wähler- und der heterogenen Mitgliedschaft. Im Endeffekt folgte man damit einem wichtigen Teil der Selbstbeschreibung und Selbstmobilisierung der AfD.

Aufgrund einiger klar rassistischer Äußerungen wurde auch die formal-juristische Auseinandersetzung mit der AfD gesucht. Im parlamentarischen Alltag haben bei solchen Herangehensweisen vor allem die Präsidien der Parlamente eine wichtige Rolle einzunehmen, da diese die formale Einhaltung der Regeln des parlamentarischen Betriebs zu verantworten haben.

Was in der Zeit nach den Landtagswahlen im Frühjahr 2016 in Baden-Württemberg, Rheinland-Pfalz und Sachsen-Anhalt folgte und was als Phase auch immer noch andauert, ist die Strategie der Auseinandersetzung und Erwiderung. Diese Strategie setzt auf die politische Thematisierung und offene Konfrontation mit den Positionen der Rechtspopulisten. Hier erweitert man die Dimension der Auseinandersetzung und begibt sich zusätzlich auf das inhaltliche Feld. Damit verhindert man, dass einzig die moralische Empörung über die AfD bleibt, die dann von vielen als eigene moralische Überhöhung wahrgenommen wird. So stärkt man nur die AfD. Dass die Sorgen und Ängste der Wählerinnen und Wähler ernst genommen werden, gehört zu den zentralen Botschaften dieser Strategie. Vermieden wird damit, dass die Wählerschaft sich durch eine bloße Stigmatisierung der Positionen der Partei als Rechts noch weiter von den etablierten Parteien abwendet.

Zudem sollte die Auseinandersetzung mit Argumentationsstrategien der entsprechenden Parteien erfolgen. So wird die von der AfD gesetzte alleinige Repräsentation „des Volkes" infrage gestellt. Es wird deutlich, dass die AfD lediglich für eine Minderheit der Bevölkerung spricht. Als wichtigstes Element kann hier aufgeführt werden, dass sich die politische Mitte die „Hegemonie" über die politische Debatte zurückerobern muss. Zentral dafür ist vor allem eine langfristige Förderung der demokratischen Akteure und einer toleranten politischen Kultur. Die hohe Bedeutung der Zivilgesellschaft (Gewerkschaften, Kirchen, Ehrenamt, etc.) für einen wirksamen, breiten Konsens gegen Rechtspopulismus und Rechtsradikalismus ist für alle etablierten Akteure im Parlament von Belang.

Daraus folgt, dass es nicht die eine Strategie gibt. Vielmehr gibt es eine Situation, in der unterschiedliche Akteure unterschiedliche Ansätze verfolgen. Dies erfolgt immer im Kontext der politischen Situationen, der handelnden Personen und der Strategie des Gegenübers. Eine isolierte Betrachtung oder nur das Verfolgen einer einzelnen Strategie ist zum Scheitern verurteilt. Solche Versuche würden verpuffen oder aber aufgrund der Wechselwirkung mit anderen Strategien sogar kontraproduktiv werden.

3.2   Die drei Arenen der Auseinandersetzung

Strategien zum Umgang mit der AfD als einer rechtspopulistischen bis hin zu völkisch-nationalistischen Partei müssen bei ihrer Wählerkoalition ansetzen. Es muss gelingen, den „Klebstoff der Angst" zu lösen, der derzeit dafür sorgt, dass die AfD so erfolgreich ist. Dafür müssen alle drei Arenen der politischen Auseinandersetzung ins Auge gefasst werden: Es bedarf einer Umgangsform im Parlament, im Parteienwettbewerb in Zeiten des Wahlkampfs und in der Zivilgesellschaft. Will man erfolgreich dabei sein, dass populistische Potenzial der AfD – welches sie in einer internen Erhebung auf 20 % taxiert – zurückzudrängen, müssen Angebote in allen drei Arenen formuliert werden. Diese sind nicht losgelöst zu betrachten, sondern miteinander verwoben und es bestehen Rückkopplungsbeziehungen. Diese können Populismus in der Gesellschaft schwächen oder aber auch verstärken. Das hängt mit davon ab, wie man es schafft, die strategischen Optionen in den unterschiedlichen Arenen umzusetzen.

Lewandowsky (2016: 19) formuliert als Adressanten für die parlamentarische Arena die politische Öffentlichkeit. Hier geht es um die Auseinandersetzung mit den Äußerungen und Initiativen der Fraktion. Dabei steht auch die Sprache der Politik im Gesamten unter Beobachtung. Technokratische Worthülsen können nichts ausrichten gegen emotional vorgetragene, mitunter postfaktische Behauptungen. In der Arena des politischen Wettbewerbs geht es um die Ansprache an die unentschlossenen Wählerinnen und Wähler und diejenigen Sympathisanten in der AfD-Wählerkoalition, die durch eine andere Politik und andere Ansprache herausgelöst werden können. Die zivilgesellschaftliche Arena ist am schwierigsten. Hier geht es um „das Gegenüber selbst" (Lewandowsky 2016: 21). In diesem Bereich muss eine Wertevermittlung erfolgen. Dabei geht es um das Auf- und Einstehen für die liberale Demokratie und die eigenen Positionen. Wer „mit Rechten reden" (Leo et al. 2017) gleich setzt mit „wie Rechte reden", der versagt im Kampf mit dem Populismus und stärkt die Populisten, indem er ihr Framing übernimmt. Es geht um das Ernstnehmen der Haltung des Gegenübers, ohne die eigene Position zu relativieren. Es geht nicht um die Diskussion mit rechten Hardlinern. Deren Strategie ist doch nur ein „permanentes Triggern" (Weiß 2018b), damit „die Gesellschaft neurotisch (gemacht wird), damit sie willfährig die autoritären Erlösungsangebote annimmt. Sie ist das Gegenteil eines reflexiven Gesprächs, das Spannungsabbau, Rationalität und Emanzipation fördert."

3.3   Das Strategiedilemma mit der AfD

Es scheint, dass der Populismus nicht zuletzt aufgrund seines Umgangs mit den Abläufen in diesen unterschiedlichen Arenen oft im Vorteil ist. Besonders deutlich zeigte sich diese Vorteilssituation im Anschluss an die Aussage von Alexander Gauland über die NS-Zeit als „Vogelschiss". Man muss fast von einem „Erweckungserlebnis" von Medien, Politik und Zivilgesellschaft sprechen, denn seitdem wird viel über die Fehler des ersten Jahres im Umgang mit der AfD diskutiert. Insbesondere zeigt sich, dass durch die lange Lähmung der Anderen durch die Regierungsbildung sowie durch die Panik vor dem Wirken der AfD mit dazu geführt haben, dass sich der politische Diskurs weiter nach rechts verschoben hat. Zu nennen sind dabei die CSU und natürlich aber auch das Ringen der SPD über den Umgang mit Fragen von Zuwanderung, Asyl und Migration.

Generell gilt, dass der richtige Umgang mit einer populistischen Kraft immer im Kontext der politischen Situationen, der handelnden Personen und der Strategie des Gegenübers (also der AfD) entwickelt werden muss. Dabei geht es dann aber vor allem darum, politisch selbst zu agieren statt lediglich zu reagieren.

Das erste Jahr zeigt deutlich, dass eben nicht nur der unmittelbare Erfolg populistischer Parteien an den Wahlurnen gefährlich ist. Vielmehr lässt sich mit Geden (2007: 12) feststellen, dass durch die Existenz dieser Kräfte die Gefahr steigt, dass der politische Diskurs systematisch nach rechts außen verschoben wird. Ein Ziel, welches Gauland auch in offiziellen Reden benennt. Insbesondere im ersten öffentlichen Auftritt nach seiner relativierenden Aussage über den Nationalsozialismus. Auf dem Landesparteitag der AfD Bayern stellt er fest, dass aufgrund der AfD Parlamentsdebatten wieder spannend geworden seien. Wörtlich ergänzte er: „Das heißt, das, was gesagt werden kann und manchmal auch muss, hat sich verbreitert".

Eines muss man festhalten: Die AfD hat die tiefe Verunsicherung vieler Menschen richtig eingeschätzt. Wollen die anderen politischen Parteien wieder zu Kräften kommen, müssen sie sich dies eingestehen und Ableitungen treffen. Durch die Verschiebung des politischen Diskurses wird die AfD scheinbar immer attraktiver für Wählerschichten in der politischen Mitte. Sichtbar wird dies dann in einem schlechter werdenden gesellschaftlichen Klima, indem es für demokratische und differenzierte Politikvorschläge immer schwieriger wird, sich durchzusetzen. Insofern war das erste Jahr AfD im Bundestag ein verlorenes Jahr für die Demokratie.

Durch diese Entwicklung muss die AfD derzeit ihre Abgrenzung nach rechtsaußen nicht aufrechterhalten, wie sie es in ihrer Strategieüberlegung noch als wesentliches Element ausgegeben hat (AfD 2016: 16). Es wird normal, dass die AfD mit offen rechten Aussagen agiert und mit rechten Vereinigungen kooperiert. In Sachsen sieht sie darin sogar ihre Erfolgsstrategie für die anstehende Landtagswahl im Jahr 2019. Dadurch kann die AfD bundesweit offener nach rechts agieren und ihr heutiges Potenzial stärker an sich binden. Die große Gefahr für das Halten dieses Wählerpotenzials liegt nämlich genau darin, dass die AfD als „normale" Partei agiert.

Gleichzeitig gelingt es populistischen Akteuren immer wieder, Themen auf die öffentliche Agenda zu setzen, auf die etablierte Parteien nur unzureichend vorbereitet sind. Natürlich ist dies Aufgabe im demokratischen Prozess, auch solche Themen anzusprechen. Nur führt es zu gesellschaftlicher Spaltung, wenn es eben nicht von denjenigen Kräften thematisiert wird, die eigentlich den gesellschaftlichen Konsens suchen. Deswegen hilft eine Stigmatisierung von Politikern wie Boris Palmer nicht im Kampf gegen rechts.

Das ist das Strategiedilemma für den Umgang mit der AfD. Zum einen nutzt die offensive Auseinandersetzung durch die steigende Aufmerksamkeit der Partei und ihren Anliegen. Sie perpetuiert den AfD-Kreislauf (Kap. 2). Wenn aber deutliche „rote Linien" gezogen und der Diskurs verweigert wird, so wird von den Akteuren dies als Beleg genutzt, gegen „die" politische Klasse oder gegen die „Lügenpresse" vorzugehen und ihnen Unterdrückung und Verletzung der Meinungsfreiheit vorzuwerfen. Die anderen politischen Kräfte geraten in den AfD-Kreislauf und sind gefangen in der Strategiefalle der AfD.

Plädoyer für einen neuen parlamentarischen Umgang mit der AfD

4

Das Strategiedilemma im Umgang mit der AfD (Kap. 3) zeigt deutlich, dass ein erfolgsversprechendes Anti-Populismus-Programm immer am Kontext der politischen Situationen, bei den handelnden Personen und der Strategie der AfD ansetzen muss. Wichtig ist, dass man bei all dem nie vergisst, selbst politisch zu agieren, statt lediglich zu reagieren. Das ist in der Vergangenheit oftmals viel zu kurz gekommen. Das Bewusstsein, dass es auch eine Begründung für die liberale und soziale Demokratie braucht, dass alte Selbstverständlichkeiten immer neu begründet und ausgehandelt werden müssen, hat dem politischen System gefehlt. Die AfD ist dabei Symptom und nicht Ursache. Die AfD sollte dabei nicht mit parlamentarischen Geschäftsordnungstricks diskriminiert werden, darüber sind sich mittlerweile alle einig.

Die Auseinandersetzung mit ihr ist wichtig, Strategien für den Umgang sind zentral. Man darf aber nicht glauben, dass rein polittaktisches Agieren die AfD klein halten wird. Im Gegenteil, wenn die Authentizität der anderen Kräfte nicht wieder wahrgenommen wird, kann die AfD weiter gedeihen.[1] Es geht daher immer darum, der AfD mit Haltung zu begegnen, ohne unfreiwillig ihre Strategie zu unterstützen und ihr Framing der politischen Situation zu übernehmen. Die folgenden Handlungsempfehlungen setzen in allen drei Arenen an (Kap. 3) und versuchen an unterschiedlichen Stellen, Gegengewichte zum AfD-Kreislauf (Kap. 2) zu setzen. Symptom- und Ursachenbekämpfung gehen bei diesem Ansatz Hand in Hand.

---

[1]Die folgenden 15 Punkte sind eine Weiterentwicklung dessen, was ich zur Konstituierung des Bundestags im Oktober 2017 an anderer Stelle veröffentlicht habe (Ruhose 2017).

     23
F. Ruhose, *Die AfD im Deutschen Bundestag*, essentials,
https://doi.org/10.1007/978-3-658-23361-7_4

4.1   Gelassenheit statt taktischer Hysterie

Der Aufstieg des Rechtspopulismus darf nicht kleingeredet werden. Derzeit fokussiert sich die politische Debatte allerdings mit einer zu großen Hysterie auf die AfD. Das erlaubt ihr viel stärker als es ihren Anteilen entspricht, politische Diskussionen zu bestimmen. Hier wird dafür plädiert, zum rechten Maß in der Auseinandersetzung zurückzukehren. In den Umfragen zur politischen Lage in Deutschland zeigt sich, dass die Menschen dem Thema Integration und Migration große Bedeutung zumessen. Die Werte steigen allerdings seit der dramatischen Zuspitzung durch den Streit zwischen CDU und CSU im Frühjahr/Sommer 2018 wieder deutlich an. Gleichzeitig sprechen die Fakten eine andere Sprache.[2] Es ist also eine durch die politischen Akteure verstärkte Debatte.

Statt den Debatten der AfD so großen Raum einzuräumen, sollte Politik die anderen Problemlagen der Menschen in den Hochburgen des Rechtspopulismus angehen. Im Nahbereich spielen die Fragen der Migration und der Integration dort nicht immer die Hauptrolle. Dabei geht es um schwierige persönliche Situationen, der fehlenden Sichtbarkeit des Staates und Problemen mit der Infrastruktur. Zudem steht die Frage der Integration in den städtischen Brennpunkten auf der Tagesordnung, also das Zusammenleben derer, die schon hier sind. Wo ist die gesellschaftliche Debatte darüber? Es darf nicht auf alle Inszenierungen und Provokationen der AfD reagiert und ihre kommunikativen Vorstöße beantwortet werden. Dies zu tun hieße nämlich über das berühmte und viel zitierte strategische Stöckchen der AfD zu springen. Besser ist es, zu einer gewissen Gelassenheit zurückzukehren. Die Lage ist ernst genug, da sollte man sie nicht durch taktische Hysterie, wie es die CSU versucht, verschärfen.

4.2   Starke Akzente gegen den AfD-Debattenton setzen

Es herrscht ein anderer Ton im Bundestag. Direkt am Wahlabend legte Alexander Gauland vor: „Wir werden Merkel jagen". Es geht in vielen Debatten nicht mehr um die Frage des besseren Arguments. Zwischenrufe, Ordnungsrufe und Proteste

---

[2]So kommen beispielsweise die Flüchtlinge seit 2015 überwiegend aus Kriegs- und Krisengebieten (BKA 2018: 7) und auch die Zahlen der Flüchtlinge, die Asylanträge stellen, sind zuletzt wieder auf das Niveau von 2012 gesunken (BKA 2018: 8).

gegen die Sitzungsleitung sind an der Tagesordnung. Bis Ende März 2018 gab es alleine für Mitglieder der AfD-Fraktion einen Ordnungsruf, eine Rüge und eine sogenannte unparlamentarische Äußerung, die das Bundestagspräsidium ahndete. Im Vergleich zeigt sich, dass bereits nach den ersten halben Jahr der Wahlperiode die Ordnungsrufe schon den Wert der Zeit von 2013–2017 eingeholt haben. Insgesamt gab es damals nur sieben Maßnahmen.

Auch in den Redebeiträgen steht die Provokation im Mittelpunkt. Dies zeigte sich beispielsweise in der Debatte um den AfD-Antrag zur Verschärfung der Flüchtlingspolitik. Der AfD-Fraktionsvorsitzende sprach davon, dass Menschen „illegal sein (können)". Angesichts der oben attestierten weiteren Eigenradikalisierung (Kap. 2) liegt hier eine besondere Aufgabe für die anderen Fraktionen im Parlament. Dafür gibt es ebenfalls gute Beispiele, wie die Rede von Cem Özdemir in der Debatte über Denis Yücel oder der Debattenbeitrag des SPD-Bundestagsabgeordneten Johann Saathoff auf Plattdeutsch in der Debatte um die „Amtssprache Deutsch". Mit einem starken eigenen Ton die AfD stellen, das ist wichtig zur Stärkung der Demokratie.

4.3   Unterscheidbar bleiben

Man sollte der kurzfristigen Verlockung widerstehen, selbst populistisch zu agieren. Der Politikwissenschaftler Christoph Butterwegge (2018) weist zu Recht darauf hin, dass die AfD schon jetzt ohne Regierungsbeteiligung die Gesetzgebungsprozesse und die Diskussionen darüber bestimmt. Die Erfahrungen im bayrischen Landtagswahlkampf 2018 zeigen, dass dieser Weg ein Konjunkturprogramm für die AfD ist. So wird den Populisten kein einziges Argument in der politischen Auseinandersetzung genommen. In Deutschland führen wir seit 2017 die wichtige Debatte über Migration und nehmen dabei nicht zur Kenntnis, dass aktuell immer weniger Menschen zu uns kommen. Wichtiger wäre es, die Frage nach guten Gelingensbedingungen für die Integration zu sprechen. Die AfD legt allerdings ständig nach und mittlerweile machen viele aus der politischen Mitte mit. Vermeintlich, um die liberalen Werte unserer Gesellschaft zu schützen, tatsächlich werden so aber die Gedanken der äußersten Rechten salonfähig.

Besser ist es, deutlich zu machen, dass autoritäre Vorschläge und Politikmodelle keine wirklichen Lösungen bieten. Elisabeth Wehling hat daher zu einer „politische(n) Kommunikation der kognitiven Transparenz" geraten (Wehling 2009: 8). Dafür müssen die anderen Parteien schleunigst die eigenen grundlegenden Wertevorstellungen wieder klar herausarbeiten und „dann einzelne Vorhaben in dieses

Wertesystem einordnen und entsprechend kommunizieren" (Wehling 2009: 8). Sprich: Unterscheidbar von der AfD bleiben.

4.4   Nicht die Sprache der AfD übernehmen

Das bedeutet zuvorderst: Nicht so zu sprechen, wie die AfD es tut. Die AfD bringt Menschen dazu, in Freund/Feindschemata zu denken. Damit geht ein eklatanter Verlust der Gesprächsfähigkeit und Debattenkultur einher. Gesellschaftlich wie politisch. Zudem wird der AfD-Aufstieg derzeit begünstigt, weil auch Spitzenvertreter der etablierten Parteien ähnliche Positionen einnehmen und ein ähnliches Framing nutzen. Dann wird faktenfrei die rechte Rhetorik übernommen.

Die Aufgabe der anderen Fraktionen ist vielschichtig und herausfordernd. Sie müssen die AfD im Parlament inhaltlich stellen und dort die Kommunikationsmuster der AfD aufdecken. Gauland und seine Gesinnungsgenossen versuchen, völkischen Nationalismus und ethnische Homogenität wieder zu Leitbildern unserer Gesellschaft zu machen. Sie weben diese Haltung kontinuierlich in thematische Debatten ein. Das kann und muss unaufgeregt in der Öffentlichkeitsarbeit entlarvt werden. Statt wie die CSU die Agenda und Denkfiguren der AfD kritiklos zu übernehmen und sie so stark zu machen, muss man dieser Tendenz mit einer eigenen „Diskurs-Erhitzung", zu der der Publizist Volker Weiß (2018a) rät, entgegentreten. Das Ziel ist, rechtspopulistische bis völkisch-nationale Erzählungen aus der gesellschaftlichen Mitte zurückzudrängen und eigene Positionen wieder stark zu machen.

4.5   Kein Agenda Cutting betreiben

Mit einer eigenen geklärten Wertebasis kann man diffizile Themen selbst ansprechen und einer Lösung zuführen. „Haltung und Handlung" der Politik müssen stimmen, wie die beiden SPD-Politiker Malu Dreyer und Alexander Schweitzer (2016) schreiben. Nur weil Integrationsdefizite angesprochen oder Sorgen über Zuwanderung geäußert werden, sind nicht alle Wählerinnen und Wähler der AfD zwangsläufig rechtsextrem oder fremdenfeindlich. Auch sind die schlimmen Mordfälle in Kandel oder in Wiesbaden nicht zu relativieren und die Frage nach der Kriminalität unter jungen Männern mit Migrationshintergrund nicht wegzudiskutieren (Pfeiffer et al. 2018). Gerade auch umstrittene Themen müssen in der Politik zur Sprache kommen. In den Dialog zu treten, ist wichtig, das geht aber nur, wenn nicht die AfD die einzige ist, die Alternativen formuliert. Man muss dabei auch zugeben, wenn die AfD berechtigte Fragen gestellt hat – so vermeidet man Tabus, die sich die AfD nutzbar macht. Anstatt „Agenda Cutting" zu betreiben, muss Politik wieder den Kontakt zu Menschen herstellen, die nicht der gleichen Meinung sind wie sie. Mit Populisten zu reden, heißt ja eben nicht, wie Populisten zu reden. Man kann wahrgenommene Bedrohungen (im Vergleich zu tatsächlichen) als berechtigte Ängste ernst nehmen, ohne sie selbst als objektiv richtig zu akzeptieren.

4.6   Aus der Moralisierungsfalle kommen

Es sollte dabei nicht auf jede noch so abseitige Meinung mit moralischer Empörung reagiert werden. Das fällt zunehmend schwerer, da sich die Radikalisierung der AfD fortsetzt und in die Mitte der Gesellschaft trägt. Nur sollte einem stets bewusst sein, dass es vielen Protestwählern um die Hebelwirkung ihres Protests in die etablierten Parteien geht, besonders auf die CDU. Die AfD stellt dafür eine Moralisierungsfalle: Sie selbst hebt die Interessen „der Deutschen" über die anderer Gruppen. Alle, die differenzierte Positionen einnehmen oder die AfD für ihre Haltung kritisieren, werden von der AfD als „moralisierend" diffamiert.

Wenn die Politik dafür sorgen will, dass in Deutschland wieder die 87 %, die die AfD nicht unterstützt haben, den gesellschaftlichen Diskurs prägen, muss dies bei der politischen Auseinandersetzung berücksichtigt werden. Das bedeutet nicht, dass man alles aushalten muss, dann würde man sich die Moralisierungsfalle sogar noch selbst stellen. Es bedeutet nur, dass man sich nicht selbst moralisch überhöhen darf, wenn man in der Gesellschaft für liberale und weltoffene Positionen Mehrheiten erreichen möchte. Klar ist, dass nicht die moralische Empörung der Grund für den Aufstieg der AfD ist. Dennoch nutzt sie das Argument, dass die anderen sich moralisch überhöhen in der Öffentlichkeit mit Erfolg und mit intellektueller Unterstützung, wie die Auseinandersetzung um die „Gemeinsame Erklärung 2018" oder die Tellkamp-Diskussion zeigen. Die Falle ist gestellt.

Ebenso falsch ist jetzt, sich selbst Moralisierung vorzuwerfen. Aus lauter Angst, in die Falle zu tappen, hat dies nämlich dazu geführt, dass moralische Argumentationen dabei sind, aus dem politischen Diskurs gänzlich zu verschwinden. Ein Fehler. In Zeiten humanitärer Katastrophen und Verrohung der öffentlichen Debatte ist es wichtig, klar zu machen, dass Moral eben nicht nur für vermeintlich „Deutsche" gilt. Es bedarf einer klaren Reaktion auf diejenigen, die eine andere Gesellschaft wollen. Der AfD-Fehdehandschuh im Kulturkampf muss aufgenommen werden. Dafür bedarf es auch endlich einer Antwort der liberalen Intellektuellen, die bislang fehlt.

Einer möglichen Tendenz der Solidarisierung in der AfD-Wählerkoalition durch überhöhte Moralisierung muss man allerdings ebenfalls entgegenwirken: Kraftvolle Antworten, ohne das Gegenüber abzuwerten. Eigene Debattenakzente setzen, statt sich dem Framing der AfD unterwerfen. So stärkt man die Demokratie gegen die AfD. So trennt man die Wählerkoalition. So kommt man aus der Moralisierungsfalle.

4.7   Provokationen ins Leere laufen lassen

Es ist Zeit für „gelassene Entschiedenheit" (Schmid 2017). Besser als die ständige Gegenempörung sind nüchterne Fakten- und Frame-Checks (Hillje 2018b). Dann kommen inhaltliche Inkonsistenzen der Populisten zutage und ihre immer stärker menschenverachtenden Thesen. Dies gilt besonders dann, wenn es sich um Selbstinszenierungen als „Opfer" der etablierten Parteien handelt, die meist die einzige Funktion haben, später auf Social-Media-Kanälen als vermeintlich heldenhafter Widerstand gegen „das System" präsentiert zu werden. In zahlreichen geschlossenen Facebook-Gruppen werden in der Folge die Timelines mit Falschmeldungen und tendenziösen Berichten gefüllt. Andere Fraktionen sollten diese populistische „Weiterverwendung" der parlamentarischen Debatte im Hinterkopf behalten und abwägen, ob und wie sie auf Provokationen eingehen. Zur Strategie der AfD gehört auch, die Community-Regeln von Twitter oder Facebook zu verletzen, um sich als Opfer neuer gesetzlicher Regelungen oder der angeblichen Meinungspolizei zu inszenieren. Dem muss entgegnet werden, dass Widerspruch nicht Tabuisierung ist, sondern legitime demokratische Gegenrede. Dabei sollte man selbst immer auch auf den eigenen Ton achten. Entschieden in der Sache, aber gelassen im Ton ist die bessere Alternative.

4.8   Rote Linien ziehen

Bei allem Rat zu besonnenem Agieren muss zugleich immer klargemacht werden, welche Ideologien mit der AfD nun ihre parlamentarische Form gefunden haben. Nur mit klaren roten Linien lassen sich rechtsextreme Ideologien wieder aus der Mitte der Gesellschaft verdrängen. Die Entwicklung der vergangenen Monate seit der Bundestagswahl und durch die ungeklärten aktuellen Machtfragen in der Union führen aber dazu, dass dies schwerer wird. Deshalb sollte man Debatten von der Einhaltung eines klaren Katalogs abhängig machen und das klar so benennen. Das geht ohne moralische Empörung.

4.9   Keine gemeinsamen Initiativen mit der AfD

Es wird in den Bundestagsdebatten dazu kommen, dass die AfD Initiativen anderer Fraktionen unterstützt oder in der Diskussion Abgeordneten anderer Fraktionen applaudiert. Schon bisher zeigt sich, dass sie eben keine Fundamentalopposition betreibt, sondern auch wie bei den Bundeswehrmandaten mit der Regierungsmehrheit stimmt. Davon sollte man sich nicht durcheinander bringen lassen. Stattdessen sollte klar herausgestellt werden: Es gibt keine Zusammenarbeit mit der AfD in inhaltlichen Fragen. Die Unionsfraktion von CDU/CSU hat dies sogar offiziell beschlossen. Aus den Landesparlamenten kann noch als Erfahrung mitgegeben werden, dass AfD-Initiativen im Parlament nicht durch Alternativanträge überhöht werden sollten. Auch wenn eine gemeinsame Verabredung im Bundestag schwer fällt, sollte mit Blick auf die zunehmende Radikalisierung der AfD eine Diskussion angestoßen werden, wie man nicht jede AfD-Initiative durch Reden oder Resonanz aller anderen Fraktionen im Parlament aufwertet.

4.10   Der AfD keine neuen Politikfelder öffnen

Die anderen Fraktionen müssen sich mit den Inhalten und Personen auseinandersetzen, statt die Wählerinnen und Wähler der AfD anzufeinden. Populisten werfen oft die durchaus richtigen gesellschaftlichen Fragen auf, wollen die Antworten selbst aber oftmals gar nicht geben.

„Es geht (...) nicht darum, zu den zentralen Themen differenzierte Ausarbeitungen und technisch anspruchsvolle Lösungsmodelle vorzulegen und zu verbreiten, die nur Spezialisten aus der politischen Klasse interessieren, die Wähler aber überfordern" (AfD 2016: 9).

Die Ansprüche der Wählerinnen und Wähler an die anderen politischen Kräfte sind andere. Sie müssen die schwachen Antworten der AfD widerlegen und sich mit ihr im parlamentarischen Alltag sachpolitisch auseinandersetzen. Nicht-populistische Parteien sind dann erfolgreich, wenn sie gute eigene Antworten geben und so die Nachfrage der Wählerinnen und Wähler nach populistischer Politik klein halten.

Eng damit verknüpft ist, dass man der AfD keine neuen Profilierungsfelder einräumen darf. In den Landesparlamenten ist zu beobachten, dass die AfD genau dies anstrebt. Gezielt werden kritische regionale oder Landesthemen aufgenommen und in der Plenarsitzung genutzt, um die AfD von einer anderen Seite zu zeigen. Damit wollen die Rechtspopulisten ihren Markenkern ergänzen und zeigen, dass sie keine „Ein-Themen-Partei" mehr sind. Die anderen Parteien müssen Strategien entwickeln, um ihre eigenen bröckelnden Markenkerne zu stärken und in Regierungsverantwortung die Sachfragen vor Ort aufzunehmen und zu lösen. Dabei müssen noch stärker Dialogformate mit der Bevölkerung genutzt werden.

4.11   Mehr Präsenz zeigen und im Gespräch bleiben

Präsenz vor Ort ist für die etablierten Parteien und ihre Fraktionen ein wesentlicher Bestandteil im Umgang mit dem Rechtspopulismus. Die örtlichen Abgeordneten und Parteien sollten ihre lokalen Büros als physische Zeichen gegen die gefühlte Repräsentationslücke begreifen. Die SPD in Rheinland-Pfalz verfolgt einen solchen Ansatz mit der Errichtung eines Quartierbüros in Ludwigshafen. Gezielt wurde der Standort in einem Stadtteil mit hoher Zahl an Arbeitslosen ausgewählt, um hier konkrete Alltagshilfe zu geben und sich um die Bedürfnisse derer zu kümmern, die im eigenen Stadtteil nicht mehr viele Anlaufstellen haben. Demokratie wird so für Enttäuschte wieder erfahrbar.

Der Populismusforscher Jan-Werner Müller (2017) stellt fest, dass „die Wahrnehmungen der Wähler (ganz andere) sind, je nachdem, wie man ihnen gegenübertritt". Das zeigt auch die Studie des Progressiven Zentrums zu den Motivationen von AfD- und FN- Wählerinnen und -Wähler (Hillje 2018a). Und es zeigen die Erfahrungen, die in Ludwigshafen gemacht werden.

Die etablierten Kräfte müssen daher jetzt – fernab des Wahlkampfs – in Gebieten mit hohem AfD-Wähleranteil präsent sein, mit den Menschen ins Gespräch kommen und Strukturen etablieren. Das wird für viele Parteien einen großen Organisations- und Personalaufwand bedeuten. Oftmals müssen Strukturen in diesen Regionen zum ersten Mal oder wieder aufgebaut werden.

4.12   Das Demokratieverständnis der AfD
thematisieren

Die AfD betont ihre Bürgernähe und die Stärkung der direkten Demokratie. In Wirklichkeit hat sie basisdemokratische Elemente bisher nur simuliert oder deren Ergebnisse nicht berücksichtigt, z. B. bei der Befragung zum Wahlprogramm. Die Falschbehauptung der Rechtspopulisten, sie würden „das Volk" repräsentieren, muss entlarvt und sich zugleich selbstbewusst für die repräsentative Demokratie stark gemacht werden. Die Widersprüchlichkeit der AfD-Positionierung zu thematisieren, ist zielführender, als die AfD ausschließlich aufgrund der rechten Einstellung vieler Funktionäre zu desavouieren.

Wie sehr die AfD selbst auf dem Weg ist, die Vorteile des bestehenden politischen Systems für sich zu nutzen, muss dabei auch thematisiert werden. Durch ihr eigenes Handeln beschädigt sich die AfD-Bundestagsfraktion und ihr Selbstbild, dass sie anders ist als die Anderen. So zeigt sich, dass sie scheinbar zu Beginn der Wahlperiode direkt maßlos Steuergeld für die Verpflegung ihrer Mitglieder ausgibt. Seltsam ist auch das Verständnis von innerparteilicher Demokratie einiger Landesvorsitzender in der Männerpartei AfD, wie die bitteren Abrechnungen der ehemaligen stellvertretenden Landesvorsitzenden in Nordrhein-Westfalen und in Rheinland-Pfalz über ihre Partei gezeigt haben.

Nicht aus dem Auge zu verlieren ist, dass Kräfte um den Brandenburger Landesvorsitzenden Kalbitz oder um den Kulturpolitiker Marc Jongen der Partei einen „intellektuellen, künstlerischen, philosophischen Gründungsmythos" geben wollen. Die AfD versucht, über die Besetzung des Themas „Kultur" für breitere Gesellschaftssteile, insbesondere in den konservativen Milieus, wählbar zu werden. Ziel ist, die kulturelle Agenda der Partei im Mainstream zu verankern und Teil des „popkulturellen Diskurses bei jungen Menschen" zu werden, wie es in einem weiteren Strategiepapier der AfD heißt (Loer 2018).[3] In den anderen Parteien oftmals stiefmütterlich behandelt, muss diese Entwicklung zu einer Gegenbewegung führen.

4.13   Alternativen und echte Differenz statt künstlicher Debatte anbieten

In der verbleibenden Zeit bis 2021 muss es den anderen Kräften im Parlament wieder stärker gelingen, den Fokus der politischen Auseinandersetzung auf eigenes Terrain, also auf eigene Themen und vor allem eigene gesellschaftliche Visionen zu verschieben. Die AfD zwingt die anderen Parteien, ihre Position besser zu erklären und deutlich zu machen, dass sie für diese Demokratie brennen. Politik muss Ängste ernst nehmen, sie darf aber eben gerade nicht Ressentiments entfesseln oder innere oder äußere Feinde beschwören (Funke und Walid Nakschabandi 2017:

---

[3]Hier wird ganz offen den Vorschlägen des Vordenkers der Neuen Rechten, Alain de Benoist (2017), gefolgt, der in Anlehnung an die Theorien des italienischen Vordenkers Antonio Gramsci, rät, die eigenen Ideen im vorpolitischen kulturellen Raum zu verankern.

180). Der Verrohung der politischen Kultur durch Normalisierung teils rechtsextremer Inhalte muss entgegengewirkt werden. Die Aufgabe für die etablierten Kräfte ist gestellt: Sie müssen wieder Alternativen für unsere Gesellschaft entwickeln und entschlossen für eine andere, solidarische Gesellschaft eintreten. Damit setzen sie sozialer Ungerechtigkeit und dem von vielen Menschen empfundenen Kontrollverlust etwas entgegen und schwächen letztlich den Rechtspopulismus der AfD.

4.14   Eine eigene Netz-Strategie verfolgen

Auf die Stärke der AfD in den sozialen Medien muss eine Antwort gefunden werden. Die etablierten Parteien haben dieses Feld der politischen Auseinandersetzung lange Zeit nicht ernst genug genommen. Die AfD nutzt die sozialen Medien, um Themen zu testen, das Umfeld an die Partei zu binden sowie die Netzwerke mit rechten Aktivisten zu intensivieren (Myatt und Siri 2018: 15 f.). Der Wirkkanal ist zunehmend auch so, dass Diskussionen aus den sozialen Medien – und der dort zielgerichtet auf die AfD-Sympathisanten zugeschnittenen Botschaften – in die „normale" Berichterstattung Eingang finden. Der Erfolg der AfD-Strategie im Netz kann also nicht relativiert werden, dass diese Form der Kommunikation lediglich in deren Echo-Kammern oder Filter-Blasen stattfinde.

Die eigene Social-Media-Community muss in größerem Maße als bislang aktiviert werden – als Gegenentwurf zu den Personen, die bei der AfD besonders aktiv sind. Die Erfahrungen mit den Social Bots der AfD aus dem Bundestagswahlkampf zeigen, dass eine ernste Gefahr für den demokratischen Austausch im Internet besteht. Die Parteien sollten ihre Kommunikationsanstrengungen im Internet nach den nun durchgeführten Bundestagskampagnen keineswegs reduzieren, sondern stärken. Wichtig ist auch, den Schulterschluss mit der Zivilgesellschaft auch im Netz zu suchen und positive Diskussionen über die Zukunft unserer Gesellschaft anzustoßen.

4.15   Rechte Netzwerke beobachten und eigene Vernetzung vorantreiben

Derzeit professionalisiert sich die AfD-Fraktion insbesondere durch den Wechsel erfahrener Mitarbeiterinnen und Mitarbeiter aus der Bundestagsverwaltung oder auch aus anderen Fraktionen. Gleichzeitig werden rechte Netzwerke über die Ebene der wissenschaftlichen Referentinnen und Referenten gestärkt und erhalten erstmals Zugänge in den Deutschen Bundestag. Die Junge Alternative wird gleichzeitig zum Problem für die AfD, da unter Führung eines rheinland-pfälzischen Landtags-abgeordneten klar rechte Strömungen an Einfluss gewinnen. Es gibt generell auf-fällig viele personelle Überschneidungen mit rechten Burschenschaften und der Identitären Bewegung (Am Orde 2018).

Die Kontakte zu Stephen Bannon zeigen, dass darüberhinaus auch der Weg einer Vernetzung mit der internationalen Rechten gesucht wird. Mit der Eta-blierung der Desiderius-Erasmus-Stiftung als eigene parteinahe Stiftung wird zudem ein weiterer Ort für die „Kulturrevolution von rechts" (De Benoist 2017) geschaffen, der in „gesellschaftliche Tiefe und Breite hineinwirken" soll, wie die Stiftungs-Vorsitzende Erika Steinbach auf dem AfD-Parteitag 2018 in Augsburg ausgerufen hat.

Es ist für die anderen politischen Kräfte wichtig, diese Entwicklungen im Auge zu behalten und die Öffentlichkeit über das größer werdende Netzwerk aufzuklären.

Viele europäische Länder haben bereits Erfahrungen mit populistischen Parteien im Parlament gemacht. Darum kann man den etablierten Kräften in Deutschland nur raten, den europäischen Austausch zu suchen, sich in neuen Formaten auszutauschen und Kooperationen zu vertiefen. Nur so kann man ver-meiden, dass man selbst noch mehr in die Fallen der Populisten tritt, wie bislang schon geschehen. So stärkt man zudem sich selbst, die europäischen Partei-freunde und vor allem die europäische Idee. Wenn man es gut macht, trägt auch dies zu einem Zurückdrängen rechter Kräfte bei.

Ausblick: Was folgt aus einem Jahr AfD als Oppositionsführerin im Bundestag? 5

Die AfD ist keine klassische Partei mit nachvollziehbaren, „geklärten" Programmpositionen. Sie bleibt eine parlamentarisch verankerte Stimmungspartei, die gezielt mehrdeutig agiert und Positionen ungeklärt lässt, um ihre heterogene Wählerkoalition nicht zu verunsichern. Deswegen gibt der Partei- und Fraktionsvorsitzende Alexander Gauland auch unumwunden zu, dass die AfD Angela Merkel als Projektionsfläche brauche und an einem Ende ihrer Kanzlerschaft kein Interesse haben könne.

Mit dem Blick auf die AfD als erste populistischen Partei im Bundestag, hat der Politologe Klaus von Beyme attestiert, dass der Populismus ein Mittel gegen den *„Passivismus in der etablierten Parteienlandschaft"* sein könne (von Beyme 2018: 126, Hervorhebung im Original). Dies widerspricht allerdings neueren Forschungsergebnissen. Populistische Kräfte stärken womöglich auf der einen Seite die Repräsentation bisher ungehörter Stimmen. Allerdings schwächen sie die Diskursfähigkeit von Gesellschaften, greifen Minderheitenrechte und individuelle Freiheiten an (Spittler 2018: 26; Zürn 2018: 76 f.).

Gleichzeitig führt diese öffentliche Lesart dazu, dass sich die AfD unter dem Deckmantel einer angeblichen Stärkung der Demokratie zunehmend weiter radikalisieren kann. Sogar vermeintlich gemäßigte Kräfte sind spätestens seit dem Jahreswechsel 2017/2018 in ihrer Tonlage und den inhaltlichen Aussagen weiter nach rechts gerückt. Der Berliner AfD-Chef Georg Pazderski hat sogar ziemlich offen das strategische Kalkül bisher eher gemäßigter Kräfte in der AfD skizziert, als er zu seiner Linie in Berlin feststellte:

> Wenn ich in Berlin eine zu harte Sprache wähle, sind viele Berliner eher verstört als begeistert. Und wir wollen für unsere Politik ja werben, wir wollen erfolgreich sein. Und dafür müssen wir sie dem Wähler so erklären, dass er die Botschaft versteht und annimmt – da spielen Sprache, Begriffe und persönliches Auftreten eine wichtige Rolle. Wir wollen mehr Wähler überzeugen, nicht Wähler abschrecken (Fiedler und Ringelstein 2018).

© Springer Fachmedien Wiesbaden GmbH, ein Teil von Springer Nature 2019   35
F. Ruhose, *Die AfD im Deutschen Bundestag,* essentials,
https://doi.org/10.1007/978-3-658-23361-7_5

5.1   Verschiebung des Diskurses

Seit April 2018 arbeitet die AfD-Fraktion am Aufbau eines so genannten „Newsroom". Damit will sie ihre Zielgruppe ohne die angeblich unfaire Behandlung in den etablierten Medien erreichen. Im Gegensatz zu der Öffentlichkeitsarbeit der anderen Fraktionen sollen neben einer klassischen Pressestelle zusätzlich wohl bis zu 20 Mitarbeiterinnen und Mitarbeiter allein für die Verbreitung der AfD-Inhalte in den sozialen Medien zuständig sein. Laut eigenen Aussagen will die AfD hier selbstständig journalistische Arbeit betreiben. Für die Planung dieser Öffentlichkeitsarbeit lässt sich die AfD vom umstrittenen ehemaligen Trump-Berater Stephen Bannon unterstützen. Damit setzt sie zugeschnittene und kritikfreie Öffentlichkeitsarbeit in den sozialen Medien mit journalistischer Arbeit gleich und folgt Empfehlungen aus dem Populismus-Ausland. Die Vernetzung funktioniert.

Die Partei hat geschickt dafür gesorgt, AfD-Narrative und AfD-Sprache in die gesellschaftliche Mitte zu bringen. Durch die Sorge der etablierten Politik, dass sich Menschen weiter von der Politik entfernen, wenn eher wenig und wenn, dann sehr technokratisch über die Flüchtlingspolitik und die Integrationsaufgaben gesprochen wird, kam es dazu, dass sie entsprechende Motive aus der AfD-Propaganda in ihre eigene politische Rhetorik übernommen haben. Ruth Wodak (2016) hat gezeigt, dass diese Strategie stets dazu führt, dass die Populisten gestärkt werden. Durch dieses „Sagbar-Machen" von randständiger und rechter Rhetorik verschob sich der Diskursrahmen. Erklärtes Ziel der Rechtspopulisten.

Die Abwehrschwäche der Demokratie hat auch damit zu tun, dass die etablierten Kräfte zu sehr mit sich selbst beschäftigt sind, anstatt einen eigenen Raum für Gespräche über Sachfragen und eben auch eigene Politikalternativen zu bieten. In dieser Situation kann die AfD mit einer zunehmenden Radikalisierung von Sprache und politischer Forderung dafür sorgen, dass auch solche Aussagen „aushaltbar" und akzeptabel werden.

5.2   Die neue Stufe der Radikalisierung

Wir erleben eine neue Stufe der Radikalisierung der Partei. Diese Entwicklung kann ziemlich genau mit dem schrecklichen Mord im südpfälzischen Kandel am 27. Dezember 2017 verbunden werden. Die AfD hat auf verschiedenen Ebenen diese Tat dafür genutzt, eine direkte Verbindung mit der Flüchtlingspolitik der Bundesregierung unter Angela Merkel zu ziehen. Durch die ähnliche Tat in Wiesbaden im Juni 2018 hat dieses Motiv erneut traurige Aktualität erlangt.

Die Vorsitzende der AfD-Bundestagsfraktion, Alice Weidel, hat in ihrer ersten Stellungnahme sofort die Verbindung gezogen zur angeblich verfehlten Politik der Regierung Merkel. Durch die in einer Bundestagsdebatte unangekündigte Schweigeminute zum Fall in Wiesbaden hat die AfD zudem wieder gezeigt, wie sie aus solchen schlimmen Mordfällen politisches Kapital schlagen will. Das entsprechende Video zu diesem Vorgang wurde allein bei Facebook knapp zwei Millionen Mal angesehen.

Ein Jahr AfD im Bundestag zeigt: Das parlamentarische System in Deutschland hat sich verändert. Gleichzeitig steigt die Nervosität der etablierten Kräfte und sie merken, dass sie und die sie tragenden Strukturen in der Gesellschaft weiterhin erodieren. Die Entwicklungen des öffentlichen Diskurses, die CDU und CSU mit ihrem Streit über die Zurückweisung abgelehnter Asylbewerber noch einmal beschleunigen, lassen den Schluss zu, dass nicht erst ein Wahlsieg der Rechtspopulisten in Deutschland eine Verschiebung der Gesellschaft nach rechts bewirkt. Vielmehr verläuft der aktuelle gesamtgesellschaftliche Rechtsruck als die Summe von Verschiebungen innerhalb nahezu jeder einzelnen Partei.

Alexander Gauland freut es in einem dpa-Interview vom 22. Juni 2018: „… wir haben dafür gesorgt, dass über das Thema der Massenintegration gesprochen wird. Da hat sich inzwischen viel verändert, wenn Herr Söder sagt, dass der Asyl-Tourismus zu Ende gehen muss oder wenn Herr Dobrindt von der Anti-Abschiebe-Industrie spricht. Vor zwei Jahren wären solche Formulierungen, wenn sie von uns gekommen wären, als rechtsradikal und fremdenfeindlich verschrien worden."

Diese Entwicklung führt dazu, dass der „Pattex der Angst", der die heterogene Wählerkoalition der AfD zusammen und am Leben hält, immer fester wird. Der AfD-Kreislauf tut sein Übriges. Gleichzeitig wird der Strategiewechsel von Teilen der Union, insbesondere eben der CSU, dazu führen, dass die „brüchige Abgrenzung" der Union von der AfD sich in eine bröckelnde Abgrenzung verwandelt. Dies gilt umso mehr, wenn sich das Kräfteverhältnis in der Union vom Merkel-Lager wegbewegt. Insbesondere im Hinblick auf die 2019 in Ostdeutschland anstehenden Landtagswahlen mit derzeit in den Umfragen unklaren Regierungsmehrheiten wird der bisherige Abgrenzungskurs unter Druck geraten. Das erklärte Ziel des bewegungsorientierten „Flügels" um Björn Höcke ist es, dass dort der erste „blaue Ministerpräsident" gestellt werden soll.

Derzeit zeigen die Umfragen, dass in weiten Teilen Deutschlands keine der traditionellen oder der von den Menschen vorgezogenen politischen Konstellationen mehr mehrheitsfähig ist. Umso wichtiger wäre es, dass die konservativen Kräfte der Mitte bei ihrer Abgrenzung nach rechts bleiben. Denn der Blick nach Österreich, auf die Brexit-Kampagnen oder die Wahl Trumps zeigt, wenn diese

Kräfte sich den Populisten öffnen oder sie sogar aktiv unterstützen, wird populistischer Politik sehr schnell der Weg in die gesellschaftliche Mitte geebnet.

Der Bundestagswahlkampf 2017 war vermutlich der letzte Wahlkampf der AfD als rechtspopulistische Partei mit „dünner Ideologie". Er war aber auch der letzte, den sie gegen Angela Merkel führen konnte. Wenn diese vorher aus welchen Gründen auch immer zurücktreten müsste, würde die AfD gestärkt werden, denn dann wäre das zentrale Wahlversprechen „Merkel muss weg" erfüllt.

Die AfD führt mit Hinblick auf diese Situation intern gerade harte Positionsgefechte, die auf dem Augsburger Parteitag Ende Juni 2018 zu beobachten waren. Es stehen sich der Ansatz der neoliberalen „volkskapitalistischen Partei" (Markus Frohnmeier) und der des nationalistischen „solidarischen Patriotismus" (Björn Höcke), der das „Kraftfeld Identität und Solidarität" zusammendenken will, wie es Björn Höcke in seiner Rede auf dem Bundesparteitag in Augsburg formulierte.

Auf einem Parteitag 2019 soll diese Auseinandersetzung zu einem Ende geführt werden, symbolgeladen in einem der drei Ost-Bundesländer, in welchen dann auch Wahlen anstehen. So werden weitere interne Auseinandersetzungen nicht abnehmen, da derzeit mehrere Machtzentren erstarken. Zugleich wird die Verbindung zu rechten, identitären und völkischen Netzwerken immer stärker und die Aussagen der politischen Führungsebene immer deutlicher. Die Erwartungshaltung der Anhänger im Netz ist weiterhin eindeutig auf einen radikalen Kurs festgelegt.

Wilhelm Heitmeyer weist daher zu Recht darauf hin, dass die – auch hier gewählte Bezeichnung – der AfD als rechtspopulistischer Partei mittlerweile zu kurz greift. Vielmehr ist die AfD auf dem Weg, die Kraft eines autoritären Nationalradikalismus zu werden (Heitmeyer 2017).

Das zeigt auch der Blick auf die Nachwuchsorganisation und die Mitarbeiter in Fraktionen und Wahlkreisbüros. Der Politikwissenschaftler David Bebnowski (Bley 2018) weißt zu recht daraufhin, dass dies die Leute seien, „die die Partei auf Jahre prägen werden". Die hier beschriebene Tendenz, dass radikale Positionen und Kontakte zu neurechten oder rechtsextremen Netzwerken immer wichtiger werden, wird durch den Blick auf die junge Generation in der AfD noch einmal plausibler.

5.3 Die Große Koalition auf der Suche nach der richtigen Strategie

Welche Strategie ist also richtig? Die eines „anderen Populismus" (Van Reybrouck 2017) oder die eines „Widerstands der Vernunft" (Neimann 2018)? Die Antwort hier ist mehrdimensional: Es geht vielmehr um ein Maßnahmenbündel in verschiedenen

Bereichen, um dem AfD-Kreislauf zu entkommen. Die hier formulierten Ansätze (Kap. 5) geben Hinweise für einen breiteren Ansatz gegen eine immer weiter nach rechts rückende AfD: Will die Große Koalition eine Art Anti-Populismus-Politik verfolgen, so muss sie auf der einen Seite politische Angebote formulieren und sich auf der anderen Seite stark gegen die AfD abgrenzen.

Konkret heißt das: Mit einer Politik des sozialen Ausgleichs und der direkten Ansprache auch von Problemen bei der Flüchtenden- und Integrationspolitik kann ein solches Zweckbündnis den Wählerinnen und Wähler ein ehrliches Angebot formulieren, die die AfD aus Enttäuschung und Protest wählen. Dafür darf aber nicht dem AfD-Diskurs weiter gefolgt werden. Notwendig sind eigene Impulse und deutliche rote Linien. Myatt und Siri (2018: 18) weisen zu Recht darauf hin, dass die Große Koalition dann aber nicht weiter die Erzählung der „Alternativlosigkeit" fortführen darf. Das Bewusstsein in allen Parteien, nicht nur in denen der Großen Koalition, dafür ist da. Unterscheidbarkeit ist wichtig. Den konservativen Parteien möchte man zurufen, dass dies eben auch für die Unterscheidbarkeit zur AfD gilt.

Politische Akteure im Bundestag tun daher gut daran, das Phänomen AfD nicht auf die leichte Schulter zu nehmen und als etwas von alleine Vorübergehendes zu behandeln. Dafür hält die Wählerkoalition trotz unterschiedlicher Motivationen durch die Flüchtlingsthematik zu stark. Durch die Diskursverschiebung minimiert die AfD gleichzeitig ihre Risiken. Denn natürlich führt das Ankommen im parlamentarischen Raum zu einer Tendenz, ein „relativ geeinter und kompakter Spieler" (Rucht 2017) zu werden. Dies erschwert natürlich die Integrationskraft für die heterogene Wählerkoalition. Niemand weiß, ob die AfD aus dem Bundestag perspektivisch wieder verschwindet. Umso wichtiger ist es, konzentriert für dieses Ziel und die Stärkung der Demokratie zu arbeiten. Oder wie es Cem Özdemir in seiner Rede am 18. April 2018 formuliert hat:

> Wir wollen uns dieses Deutschland nicht schlecht reden lassen von der AfD. Und auch nicht kaputt reden lassen von der AfD. Selbstverständlich haben wir in vielen Fragen tausende verschiedene Meinungen von CDU/CSU über FDP, Grüne, SPD, Linkspartei. Aber es gibt auch so was wie eine Selbstachtung dieser Republik.

Was Sie aus diesem *essential* mitnehmen können

- Die AfD wird durch eine heterogene Wählerkoalition gestützt.
- Die AfD hat selbst sehr gut beschrieben, mit welcher Strategie sie gegen „das politische System" angehen will. Diese Aussagen sollten ernst genommen werden.
- Die hier formulierten Handlungsmöglichkeiten für den Umgang mit der AfD zielen darauf ab, gegen die AfD-Strategie zu immunisieren und den Fokus auf die eigene Arbeit zu richten.
- Wichtig ist, dass die etablierten Kräfte die aktuelle Repolitisierung der Gesellschaft nutzen, um die liberale Demokratie zu stärken und soziale Spannungen abzubauen.

© Springer Fachmedien Wiesbaden GmbH, ein Teil von Springer Nature 2019   41
F. Ruhose, *Die AfD im Deutschen Bundestag,* essentials,
https://doi.org/10.1007/978-3-658-23361-7

Literatur

Alternative für Deutschland (AfD). 2016. AfD-Manifest: Demokratie wieder herstellen. Dem Volk die Staatsgewalt zurückgeben. Die Strategie der AfD für das Wahljahr 2017. o. O.: unveröffentlichtes Manuskript.

Amann, Melanie. 2017. Angst für Deutschland. München: Droemer Knaur.

Am Orde, Sabine. 2018. Ein Scharnier nach ganz, ganz rechts. https://www.taz.de/Recherche-AfD-Fraktion-im-Bundestag/!5495808. Zugegriffen: 28. Juni 2018.

Bebnowski, David. 2013. Die Alternative für Deutschland. Wiesbaden: Springer VS.

Bley, Hannah. 2018. Nächste Generation AfD. http://www.taz.de/!5506272. Zugegriffen: 28. Juni 2018.

Brunner, Katharina et al.. 2018. Das gespaltene Parlament. https://projekte.sueddeutsche.de/artikel/politik/die-afd-im-bundestag-e362724. Zugegriffen: 28. Juni 2018.

Bundeskriminalamt (BKA). 2018. Bundeslagebild 2017. Kriminalität im Kontext von Zuwanderung 2017. Wiesbaden: BKA.

Busch, Klaus et al. 2018. Rechtspopulistische Zerstörung Europas?: Wachsende politische Instabilität und die Möglichkeiten einer Kehrtwende. Hamburg: VSA Verlag.

Butterwegge, Christoph. 2018. Die neue Republik der AfD. http://www.fr.de/politik/meinung/gastbeitraege/afd-die-neue-republik-der-afd-a-1482857. Zugegriffen: 28. Juni 2018.

Camus, Renaud. 2017. Revolte gegen den Großen Austausch. Schnellroda: Antaios.

CDU Sachsen-Anhalt. 2018. Anstand wahren, Demokratie leben, selbstbewusst Politik gestalten. https://www.cdulsa.de/artikel/fruehlingsklausur-der-cdu-sachsen-anhalt-schierke. Zugriff: 26. Juni 2018.

De Benoist, Alain. 2017. Kulturrevolution von rechts. Deutsche Neuauflage. Dresden: Jungeuropa Verlag.

Decker, Frank. 2006. Die populistische Herausforderung. Theoretische und ländervergleichende Perspektiven. In Frank Decker: Populismus, Gefahr für die Demokratie oder nützliches Korrelativ? Wiesbaden: Springer VS: 9-32.

Decker, Frank und Lewandowsky, Marcel. 2017. Rechtspopulismus in Europa: Erscheinungsformen, Ursachen und Gegenstrategien. In: Zeitschrift für Politik 64 (1): 21–38.

Dreyer, Malu und Schweitzer, Alexander. 2016. Mit Haltung für Demokratie kämpfen. http://www.fr.de/politik/meinung/gastbeitraege/rechtspopulismus-mit-haltung-fuer-demokratie-kaempfen-a-312442. Zugegriffen: 28. Juni 2018.

© Springer Fachmedien Wiesbaden GmbH, ein Teil von Springer Nature 2019
F. Ruhose, *Die AfD im Deutschen Bundestag,* essentials,
https://doi.org/10.1007/978-3-658-23361-7

Fiedler, Maria. 2018. Alle da? Die AfD gerät in die Zwickmühle. https://www.tagesspiegel.de/politik/anwesenheit-im-bundestag-alle-da-die-afd-geraet-in-die-zwickmuehle/21120490.html. Zugegriffen: 28. Juni 2018.

Fiedler, Maria und Ringelstein, Ronja. 2018. „Es ist manchmal sehr ermüdend". Georg Pazderski über krude Aussagen von Parteifreunden, seine Position in der Bundespolitik und sein Verhältnis zu Björn Höcke. https://www.tagesspiegel.de/berlin/berlins-afd-landes-und-fraktionschef-im-interview-es-ist-manchmal-sehr-ermuedend/21249816.html. Zugegriffen: 28. Juni 2018.

Funke, Hajo und Nakschabandi, Walid. 2017. Deutschland. Die herausgeforderte Demokratie. Frankfurt am Main: S. Fischer.

Giebler, Heiko und Regel, Sven. 2017. Wer wählt rechtspopulistisch? Geografische und individuelle Erklärungsfaktoren bei sieben Landtagswahlen. Bonn: Friedrich-Ebert-Stiftung.

Häusler, Alexander. 2017. Die AfD: Eine Partei des rechten Wutbürgertums, in: Politikum 2/2017: 32–40.

Hafeneger, Benno et al. 2018. Die AfD in Parlamenten. Frankfurt am Main: Wochenschau Verlag.

Hafeneger, Benno und Ruhose, Fedor. 2018a. Vor den Landtagswahlen 2018 – 10 Prinzipien für den Umgang mit der AfD. o.O.: Unveröffentlichtes Manuskript.

Hafeneger, Benno und Ruhose, Fedor. 2018b. Die AfD inhaltlich stellen. http://www.fr.de/politik/meinung/gastbeitraege/landtagswahlen-in-bayern-und-hessen-die-afd-inhaltlich-stellen-a-1529238. Zugegriffen: 28. Juni 2018.

Heitmeyer, Wilhelm. 2017. Erwachen aus wutgetränkter Apathie. http://www.sueddeutsche.de/politik/soziologe-zur-afd-erwachen-aus-wutgetraenkter-apathie-1.3687762. Zugegriffen: 28. Juni 2018.

Hillje, Johannes. 2018a. Rückkehr zu den politisch Verlassenen. Berlin: Das Progressive Zentrum. http://www.progressives-zentrum.org/die-verlassenen/. Zugegriffen: 28. Juni 2018.

Hillje, Johannes. 2018b. „Selbst wenn die AfD nicht in Talkshows sitzt, sind ihre Inhalte omnipräsent" Interview mit der Süddeutschen Zeitung. http://www.sueddeutsche.de/medien/talkshows-und-populismus-selbst-wenn-die-afd-nicht-in-talkshows-sitzt-sind-ihre-inhalte-omnipraesent-1.4002428. Zugegriffen: 28. Juni 2018.

Hufer, Klaus-Peter. 2016. Argumente am Stammtisch: Erfolgreich gegen Parolen, Palaver und Populismus. Frankfurt: Wochenschau Verlag.

Jung, Matthias. 2016. Die AfD als Chance für die Union. In Hans-Seidel-Stiftung (Hrsg.): Politische Studien Vol. 66, 460. München: Hans-Seidel-Stiftung: 47–57.

Küpper, Beate. 2017. AfD und Rechtspopulismus – Terrain und Grauzonen. Befunde aus der Meinungsforschung und Erkenntnisse der Sozialpsychologie (FES-Mitte-Studie). http://www.talk-republik.de/Rechtspopulismus/docs/07/01_kuepper_AfD_und_Rechtspopulismus_Boell_BeBeateKuepp.pdf. Zugegriffen: 28. Juni 2018.

Leo, Per et al. 2017. Mit Rechten reden. Ein Leitfaden. Stuttgart: Klett Cotta.

Lewandowsky, Marcel. 2017. Die Alternative für Deutschland (AfD) -Einordnung und Perspektiven einer neuen Partei rechts der Mitte. Vortrag auf der Fachtagung des Kompetenznetzwerks Demokratie leben! Mainz, 19. April 2016. http://www.talk-republik.de/Rechtspopulismus/docs/05/Lewandowsky.pdf. Zugegriffen: 28. Juni 2018.

Loer, Wigbert. 2018. Rechter als Gauland – dieser Soldat könnte die AfD übernehmen. https://www.stern.de/politik/deutschland/afd%2Dparteivorsitz%5Fder%2Drechte%2Dnetzwerker%2Dandreas%2Dkalbitz%2Dsteht%2Dbereit%2D8124794.html. Zugegriffen: 28. Juni 2018.

Lohse, Eckart und Wehner, Markus. 2018. Mit Verlaub, Herr Präsident. Die AfD im Bundestag. http://www.faz.net/aktuell/politik/inland/afd-und-die-gruenen-sorgen-im-bundestag-fuer-rauere-debatten-15475773.html. Zugegriffen: 28. Juni 2018.

Myatt, Madeleine und Siri, Jasmin. 2018. Reclaiming Action: Progressive Strategies in Times of Increasing Right-Wing Populism. The German Example: A Case Study. Stockholm: Friedrich-Ebert-Stiftung.

Mudde, Cas (2004): The Populist Zeitgeist. Government and Opposition. 39 (3): 541–563.

Mudde, Cas und Kaltwasser, Cristobal Rovira. 2016. Populism: A Very Short Introduction. Oxford, New York: Oxford University Press.

Müller, Jan-Werner. 2017. Populisten kommen nicht aus dem Nichts. http://www.talk-republik.de/Rechtspopulismus/artikel/Populisten_kommen_nicht_aus_dem_Nichts%E2%80%93Interview_mit_Jan-Werner_Mueller.html. Zugegriffen: 28. Juni 2018.

Neimann, Susann. 2017. Widerstand der Vernunft. Ein Manifest im postfaktischen Zeitalter. Wien: Ecowin.

Pfeiffer, Christian et al. 2018. Zur Entwicklung der Gewalt in Deutschland Schwerpunkte: Jugendliche und Flüchtlinge als Täter und Opfer. https://www.zhaw.ch/storage/shared/sozialearbeit/News/gutachten-entwicklung-gewalt-deutschland.pdf. Zugegriffen: 28. Juni 2018.

Priester, Karin. 2012. Rechter und Linker Populismus. Annäherung an ein Chamäleon. Frankfurt am Main: Campus.

Richter, Frank. 2018. Hört endlich zu. Weil Demokratie Auseinandersetzung bedeutet. München: Ullstein.

Rucht, Dieter. 2017. Rechtspopulismus als Bewegung und Partei. http://www.talk-republik.de/Rechtspopulismus/artikel/Rechtspopulismus_als_Bewegung_und_Partei.html. Zugegriffen: 28. Juni 2018.

Ruhose, Fedor. 2017. Umgang mit der AfD im parlamentarischen Alltag: 15 Handlungsempfehlungen aus der Praxis, Discussion Paper des Progressiven Zentrums 2-2017. Berlin: Das Progressive Zentrum. http://www.progressives-zentrum.org/wp-content/uploads/2017/10/DPZ-Discussion-Paper_Umgang-mit-der-AfD-im-parlamentarischen-Alltag.-15-Handlungsempfehlungen-aus-der-Praxis_Fedor-Ruhose.pdf. Zugegriffen: 28. Juni 2018.

Ruhose, Fedor. 2018. Hundert-Tage-Update: Handlungsempfehlungen für den Umgang mit der AfD im Bundestag. Aktualisiertes Discussion Paper des Progressiven Zentrums. Berlin: Das Progressive Zentrum. http://www.progressives-zentrum.org/wp-content/uploads/2018/02/Hundert-Tage-Update_Handlungsempfehlungen-fu%CC%88r-den-Umgang-mit-der-AfD-im-Bundestag_Discussion-Paper-von-Fedor-Ruhose_Das-Progressive-Zentrum.pdf. Zugegriffen: 28. Juni 2018.

Ruhose, Fedor und Schwickert, Dominic. 2018. Strategische Optionen für die SPD in einer erneuten Großen Koalition. Discussion Paper des Progressiven Zentrums. Berlin: Das Progressive Zentrum. http://www.progressives-zentrum.org/wp-content/uploads/2018/01/Strategische-Optionen-für-die-SPD-in-einer-erneuten-Großen-Koalition_Discussion-Paper_Das-Progressive-Zentrum.pdf. Zugegriffen: 28. Juni 2018.

Schmid, Thomas. 2017. Eine Grenze überschritten: Alexander Gaulands Weg. http://schmid.welt.de/2017/08/30/eine-grenze-ueberschritten-alexander-gaulands-weg. Zugegriffen: 28. Juni 2018.

Schroeder, Wolfgang et al. 2018. Bewegung o der Partei? Die AfD im Parlament. In: Neue Gesellschaft/Frankfurter Hefte 6/2018: 4–7.

Spittler, Marcus. Rechtspopulismus in Europa. Ist die Demokratie in Gefahr? WZB Mitteilungen 160: 24–26.

Tils, Ralf. 2017. Strategie und Gegenstrategien: Rechtspopulismus der AfD. http://www.talk-republik.de/Rechtspopulismus/docs/11/02_Tils_APOS_Strategien_AfD_04.05.17.pdf. Zugegriffen: 28. Juni 2018.

Van Reybrouck, David. 2017. Für einen anderen Populismus. Ein Plädoyer. Wallstein Verlag.

Vehrkamp, Robert und Wegschaider, Klaudia. 2017. Populäre Wahlen Mobilisierung und Gegenmobilisierung der sozialen Milieus bei der Bundestagswahl 2017. Gütersloh: Bertelsmann Stiftung.

Von Beyme, Klaus. 2018. Rechtspopulismus. Wiesbaden: Springer VS.

Wagner, Hartmut: Lügenpresse? AfD-Chefin Frauke Petry schreibt ihr Interview dreist um. https://www.rhein-zeitung.de/nachrichten/deutschland-und-welt_artikel,-luegenpresse-afdchefin-frauke-petry-schreibt-ihr-interview-dreist-um-_arid,1436297.html. Zugegriffen: 28. Juni 2018.

Wehling, Elisabeth. 2009. Politische Kommunikation, die ankommt. Eine neuro-linguistische Analyse des EU-Wahlkampfes Bonn: Friedrich-Ebert-Stiftung.

Weiß, Volker. 2018a. Dobrindts neue, rechte Wortwahl. https://www.zdf.de/nachrichten/heute/konservative-revolution-dobrindts-neue-rechte-wortwal-100.html. Zugegriffen: 28. Juni 2018.

Weiß, Volker. 2018b. Debatte oder Protest: Wie weiter gegen rechts? https://www.blaetter.de/archiv/jahrgaenge/2018/juni/debatte-oder-protest-wie-weiter-gegen-rechts. Zugegriffen: 28. Juni 2018.

Wodak, Ruth. 2016. Politik mit der Angst: Zur Wirkung rechtspopulistischer Diskurse. Wien: Edition Konturen.

Zürn, Michael. 2018. Der Konflikt zwischen Kosmopoliten und Kommunitaristen. Interview mit Michael Zürn. In Novo Band 125. Die sortierte Gesellschaft. Herausgegeben von Johannes Richardt. Frankfurt am Main: Novo Argumente.